A EUROPA HIPNOTIZADA

A ESCALADA DA EXTREMA-DIREITA

Proibida a reprodução total ou parcial em qualquer mídia
sem a autorização escrita da editora.
Os infratores estão sujeitos às penas da lei.

A Editora não é responsável pelo conteúdo deste livro.
O Autor conhece os fatos narrados, pelos quais é responsável,
assim como se responsabiliza pelos juízos emitidos.

Consulte nosso catálogo completo e últimos lançamentos em **www.editoracontexto.com.br**.

MILTON BLAY

A EUROPA HIPNOTIZADA
A ESCALADA DA EXTREMA-DIREITA

Copyright © 2019 do Autor

Todos os direitos desta edição reservados à
Editora Contexto (Editora Pinsky Ltda.)

Foto de capa
Jaime Pinsky

Diagramação
Gustavo S. Vilas Boas

Preparação de textos
Lilian Aquino

Revisão
Ana Paula Luccisano

Dados Internacionais de Catalogação na Publicação (CIP)

Blay, Milton
A Europa hipnotizada : a escalada da extrema-direita /
Milton Blay. – São Paulo : Contexto, 2019.
192 p.

ISBN: 978-85-520-0155-3

1. Europa – Política e governo 2. Europa – História
3. França – Política e governo I. Título

19-1327   CDD 320.94

Angélica Ilacqua CRB-8/7057

Índice para catálogo sistemático:
1. Europa – Política e governo

2019

EDITORA CONTEXTO
Diretor editorial: *Jaime Pinsky*

Rua Dr. José Elias, 520 – Alto da Lapa
05083-030 – São Paulo – SP
PABX: (11) 3832 5838
contexto@editoracontexto.com.br
www.editoracontexto.com.br

A paz não é apenas a interrupção da guerra. É tudo o que ajuda a baixar as tensões internacionais: a cooperação que atenua a concorrência pelos recursos raros, as instituições que canalizam as rivalidades entre potências e permitem uma melhor gestão dos bens públicos mundiais, a justiça que acalma os rancores, a regulação que responde aos novos abusos de poder ou às desigualdades criadas pela globalização.

Fórum de Paris sobre a Paz, 11 de novembro de 2018

À Gisela que, movida por amor e paciência, suportou meus discursos exaltados contra o populismo, do café da manhã à última ceia;

À Simone Veil, sobrevivente do Holocausto, defensora da Europa e dos direitos da mulher;

Aos brasileiros que resistem à ignorância abissal;

Aos refugiados que, como os meus avós, buscam um porto seguro;

Ao Sir Winston Leonard Spencer-Churchill, bon vivant, grande apreciador de vinhos e charutos, apaixonado pela Provence, por seu combate contra a extrema-direita, pela democracia;

Ao Beethoven que, a despeito da surdez, compôs a Ode à Alegria;

À Bumba, minha cachorra.

S U M Á R I O

INTRODUÇÃO **11**

O FANTASMA DA EXTREMA-DIREITA **15**

Cego é quem não vê 15

Mais vale um africano morto 26

Uma história (quase) banal 29

Encontro com Tayodjo 35

Brincando com fogo 38

Os europeus hipnotizados 46

Le droit de vivre ensemble 55

The Movement 57

BRASIL ÀS AVESSAS **71**

Mais valem 71

FHC jogou a biografia no lixo 78

De anão diplomático a pária 80

O STF rasgou a Constituição 85

Moro, o falso Di Pietro brasileiro 87

O erro de Lula, segundo seu "irmão" 92

DE *CHARLIE* A ARAFAT..**97**

Flor que se cheire..97

Caminhando pelo espaço-tempo...................................101

A festa da liberdade...103

Je suis Charlie...104

Nada justifica o inaceitável...111

Obra do acaso..114

BECO SEM SAÍDA..**119**

Um minuto só..119

Crônica de uma catástrofe anunciada......................126

Revisionismo...127

Som, sabor e desencontros...131

Imagens tristemente reais...136

ADMIRÁVEL VELHO MUNDO NOVO......................**139**

A Europa face aos perigos do mundo......................139

Mostar, a ilusão perdida..140

Déficit de felicidade...143

A dança antipatriótica de Trump..................................145

A uberização do mundo...147

O milk-shake esquizofrênico..150

A ponta visível do *iceberg*...152

E la nave va..153

As ideologias obsoletas...155

Imprensa inimiga do povo..156

Danger dans la demeure..159

O moderninho da Arábia...161

Até o Big Ben entrou em parafuso...............................163

O mundo mais próximo do apocalipse.....................165

A nostalgia lusitana...166

MASTROIANNI, DENEUVE, DALÍ E EU 169
Melampo 169
Salvador Dalí, um masturbador escroque 172

"A MÚSICA COMEÇA ONDE TERMINA A PALAVRA" (NIKOLAI LUGANSKY, PIANISTA RUSSO) 177
Belas e talentosas 177
Lohengrin, Wagner e o nazismo 181
Salvar o mundo 184
Rosh Hashaná no paraíso 187

O AUTOR 189

INTRODUÇÃO

Lembro-me como se fosse ontem do dia em que ganhei meu primeiro transistor, um Spica ST-600 *"The King of Transistor Radios"*, fabricado pela Sanritsu, importado do Japão. Foi no início da década de 1960. Com o radinho de pilha novinho em folha grudado no ouvido, saí para encontrar os amigos. Ao contrário de sempre, naquela tarde não jogamos futebol na rua de terra batida. Sentados na mureta da casa dos irmãos Eduardo e Murilo, filhos de um diretor das Organizações Victor Costa (canal 5, futura Globo), passamos horas ouvindo os sucessos musicais – o rock de Elvis Presley, os primeiros passos da bossa-nova, os Beatles, a Jovem Guarda – no Pick-up do Pica-Pau da Bandeirantes, na voz do saudoso Walter Silva, descobridor de Elis Regina. Era a maior audiência do rádio paulista.

Naquela noite, dormi agarrado ao meu radinho, como se fosse a pelúcia de estimação. Acariciava a capa de couro marrom, olhava para os números no dial, que indicavam as estações, tirava a proteção para ver a fachada de metal dourado. Tocava baixinho, debaixo do travesseiro, para que meus pais não ouvissem. Senão era bronca na certa.

Muitas outras noites assim se repetiram. E que prazer acordar com o Trabuco de Vicente Leporace comentando as notícias do dia, saídas do forno naquela voz tão particular!

"Seu Leporace e agora com o Trabuco vai comentar as notícias dos jornais, Seu Leporace e agora com o Trabuco vai dar um tiro nos assuntos nacionais"; cantarolava o jingle do programa que permaneceu no ar por 16 anos.

Muito do que ele dizia eu era incapaz de entender, mas aquilo me soava como um oásis e, sem que percebesse, traçava meu caminho.

No som do rádio, vivi várias das maiores emoções da minha vida: o campeonato mundial de 1958, o lançamento do Sputnik 2, levando a bordo a cadela Laika (nome com o qual batizei minha cachorra), a primeira viagem espacial em torno da Terra, por Yuri Gagarin, em 1961, o assassinato de John Fitzgerald Kennedy, em 1963, e o de Martin Luther King, em 1968, o Golpe Militar de 1964, a Guerra dos Seis Dias, em 1967. Foi um companheiro constante, ou melhor, onipresente.

Cinquenta anos depois, constato: do rádio nunca mais me separei.

Quando comecei a trabalhar, ele se impôs como um caminho quase natural, incentivado por três mestres: Fernando Vieira de Melo, que após um primeiro teste desastroso, seguido de troca de xingamentos em que minha mãe foi a principal vítima, mandou o querido motorista Azeitona me pegar em casa para cobrir o trânsito da manhã paulistana, ao lado de Milton Neves, foca como eu; Marco Antonio Gomes, que me ensinou que não há pautas ruins, apenas pautas mal trabalhadas; e Milton Parron, o "repórter da cidade", herói que salvou várias vidas do Joelma em chamas ao orientar os bombeiros ligados na Jovem Pan, e que hoje vive amargurado, jogado às traças numa saleta de arquivos sonoros do grupo Saad, esquecidos como ele.

Na França, participei das experiências de todas as emissoras que apostaram, na contramão da nossa cultura midiática, que o Brasil não é uma ilha, longe das turbulências que afetam o mundo: Capital, Excelsior, Record, Eldorado, CBN e, enfim, Bandeirantes, cujos microfones dividi com ícones como Salomão Ésper, José Paulo de Andrade, Hélio Ribeiro, Joelmir Beting, Alexandre Kadunc, Heródoto Barbeiro, entre tantos outros.

Durante 13 anos, fui também redator-chefe da Rádio França Internacional, que teve na época a maior redação brasileira fora do país, por volta de 30 pessoas. Eram três horas de programação diária, jornadas intensas e estressantes, que terminavam invariavelmente com os braços voltados para o céu, agradecendo mais um milagre.

Fausto Silva, o Faustão, companheiro da Jovem Pan, comentou, no dia do meu primeiro artigo assinado no *Jornal da Tarde*, que o texto impresso valia muito mais que as palavras ditas ao microfone, tão logo esquecidas. Engano de juventude! Ele hoje certamente reconheceria, assim como eu e todos aqueles que um dia falaram na "latinha" (nome afetuoso dado ao microfone), que do lado esquerdo do peito bate um rádio.

Faustão, no entanto, tem direito ao indulto, pois estava em boa companhia, a de Jean-Paul Sartre. Consta que no dia 26 de maio de 1944, o filósofo existencialista, furioso, entrou no teatro parisiense Vieux-Colombier, jogou o texto no palco e declarou aos berros:

– Esta encenação não vale nada! Isso sim que é importante, o livro.

Naquele momento, os atores realizavam o último ensaio da peça *Huis Clos – A portas fechadas*.

Pouco a pouco, ao som do rádio, na esteira de Leporace e seu Trabuco, as letras se encaixam como num *puzzle*, compõem frases e deságuam em histórias de vida. Nesse giro pelo passado, penso o presente de uma Europa que se tornou minha casa, viveu 70 anos em paz e agora está ameaçada de desintegração pelos populismos de toda sorte.

Fiel ao rádio, ligado na frequência 101.1 FM da rádio Classique, entre música clássica e notícias, volto ao computador para contar e sondar o mundo que me cerca. Sem pessimismo, mas com um realismo febril.

O FANTASMA DA EXTREMA-DIREITA

Na Europa, a questão migratória não passa de um pretexto: nada melhor do que um bode expiatório para criar medo e ressentimento. Sobretudo nos rincões rurais ou periféricos que praticamente nunca viram um refugiado estrangeiro. Onde populações marginalizadas e empobrecidas não têm meios profissionais ou culturais para acompanhar as profundas mudanças sociais contemporâneas.

Alfredo Valladão, professor da
Escola de Estudos Políticos de Paris

CEGO É QUEM NÃO VÊ

– Você está cego, não enxerga? Eles estão por todo o canto!

Não, eu não enxergava e, pior, continuo não enxergando. Eles quem? Seria uma alusão à enésima versão dos marcianos invasores de *The War of the Worlds*, *A Guerra dos Mundos*, de Orson Welles?

– Não, nada disso, sua besta! Os imigrantes árabes, as mulheres de burca e niqab, os terroristas que querem acabar com a França, com os nossos valores "universais". Estamos cercados, ameaçados...

E eu que ousei imaginar que Paris existiria para sempre, como no triste adeus da cena final de *Casablanca*, quando Ingrid Bergman, aliás Ilsa Lund, pergunta aos prantos para o seu eterno amor Rick Blaine, aliás Humphrey Bogart:

– *Et nous?* E nós?

– *Nous aurons toujours Paris.* Nós sempre teremos Paris.

Ledo engano. Paris não é mais Paris; disse o grande "sábio" americano Donald Trump ao iniciar o mandato presidencial: "A França foi invadida."

Afirmações peremptórias como essas não são ouvidas apenas em Washington, mas também e sobretudo em Paris, Lyon, Marselha, nos subúrbios de Saint-Denis, encostado na capital, Villeurbanne, onde os conflitos entre jovens oriundos da imigração e moradores europeus são relativamente frequentes, e até (pasmem!) em Issirac, um micropovoado na região do Languedoc-Roussillon, sudeste do país, a 750 quilômetros de Paris.

Você já ouviu falar em Issirac? Claro que não, os franceses tampouco. É uma cidadezinha medieval, ou melhor, uma aldeia de 270 habitantes onde há uma escolinha maternal, dois pastores – um de ovelhas, que fabrica queijo e o melhor iogurte do mundo, outro de cabras –, um restaurante rústico charmosíssimo numa fazendola, que só abre no verão, vinhedos, plantações de lavanda, oliveiras e nada mais. Não há nem sequer uma *boulangerie.* E Deus sabe que os franceses não vivem sem pão!

Na terra da baguete e do croissant, é preciso pegar o carro; a padaria mais próxima fica a 15 quilômetros de distância. Mas que pão! Crocante por fora, macio por dentro, saído do forno quentinho a cada 15 minutos!

Para se ter uma ideia da importância do pão em terras gaulesas, os números falam por si: a cada segundo, 320 baguetes são consumidas, totalizando 10 bilhões por ano. Em média, cada francês come 125 gramas por dia, ou seja, meia baguete. A mais consumida é a *tradition*, composta exclusivamente de uma mistura de farinhas de trigo, água potável e sal de cozinha. Não tem aditivos. Sua fabricação, obrigatoriamente artesanal, leva de 15 a 20 horas em virtude da longa fermentação à base de centeio levedado, que retarda a absorção do açúcar. No país, existem 32 mil *boulangeries.*

16 ■ A Europa hipnotizada

A primeira vez que Issirac apareceu em um registro público foi em 1522, sob a designação "Parochia Beati-Stephani de Ysseraco". Os portugueses tinham pisado no Brasil 22 anos antes.

Foi nesse paraíso de lavandas, oliveiras, vinhedos e sol 300 dias por ano que ouvi protestos sobre o risco representado pela presença dos imigrantes. Issirac tem moradores de 20 nacionalidades diferentes – belgas, suíços, japoneses, brasileiros, ingleses, vietnamitas, alemães, entre outros, mas só uma família originária da África do Norte, perfeitamente integrada à vida local. O homem é pedreiro, a mulher cuida da limpeza e administração da escolinha, os filhos estão na universidade.

Ali, ao contrário do que acontece nas grandes cidades, os trabalhadores braçais, que fazem o trabalho pesado, são franceses, em geral nascidos na região, de pais agricultores, que não puderam ou não quiseram prosseguir seus estudos. Mesmo assim, pode-se sentir certo ranço contra árabes, confundidos com muçulmanos. No imaginário popular, os árabes roubam os empregos dos franceses, são todos muçulmanos, portanto fundamentalistas islâmicos, logo terroristas potenciais. Conclusão: árabe = terrorista.

Em muitas dessas cidadezinhas minúsculas, os imigrantes da África e do Oriente Médio são raros, mas mesmo assim, nas eleições presidenciais de 2017, Marine Le Pen somou mais de 45% dos votos na região do Gard. Nas legislativas, o candidato Gilbert Collard, do Front National, xenófobo, racista, anti-imigração e anti-Europa, se reelegeu.

Em outras palavras, vota no candidato de extrema-direita quem praticamente só viu um negro ou um árabe em fotografia, quem vive do vinho produzido localmente (cada dia de melhor qualidade) e teme a globalização, sem nunca ter sequer viajado para a capital. Paris fica longe, a 2h40 de Avignon, de TGV, o trem a grande velocidade, e 7h de carro.

Eu cheguei à França em junho de 1978 e 40 anos mais tarde acreditava conhecer bem o país. Mas só agora é que começo a compreender essa outra França, à qual a maioria esmagadora da população dos grandes centros urbanos raramente tem acesso. Em geral, os programas de televisão transmitem uma visão bucólica da *campagne*.

De um lado, existe o país dos direitos humanos, dos grandes mestres humanistas, dos pensadores do Collège de France, da previdência social, dos hospitais que recebem indiscriminadamente os sem-teto e os *bobos* (burgueses-boêmios) em leitos lado a lado, dos bancos das escolas públicas onde se sentam os filhos dos proprietários de apartamentos luxuosos do *7ème arrondissement* e dos zeladores. Um país cantado em prosa e verso, desde a época do Iluminismo.

De outro lado, no entanto, existe um país de lindíssimas paisagens, mas feio por dentro, mesquinho. É a França da coesão social esgarçada, que não consegue mais unir seus cidadãos em torno dos ideais outrora comuns ao modelo republicano: a igualdade é uma falácia, a fraternidade desaparece e a solidariedade tornou-se um bem distribuído exclusivamente pelo Estado jacobino, centralizador, sem ressonância individual nem coletiva. A democracia não é mais suficiente para adubar a vida em sociedade.

Os franceses estão desorientados, perderam a esperança e muitos se sentem estrangeiros em seu próprio país. Várias pesquisas mostram que eles são maioria.

Certo dia, ouvi a seguinte reflexão de um eleitor do neofascista Front National, morador de uma dessas cidadezinhas perdidas do sul da França, onde – repito – não há praticamente negros nem árabes:

– É verdade que hoje não temos quase estrangeiros por aqui, mas a autoestrada passa a apenas 40 quilômetros e um dia desses eles chegarão. Precisamos ficar atentos...

Esse cidadão via o perigo se aproximar. Quanto a mim, branco, neto de europeus, classe média, com curso universitário, bem, eu não sou considerado um "estrangeiro de verdade". Para muitos europeus, brasileiro no duro continua sendo preto, tem ginga, é pobre e malandro.

De maneira geral, a mídia só costuma olhar para o que acontece nas grandes cidades, como Nova York, Londres ou Paris, mas a exemplo dos Estados Unidos de Trump, da Grã-Bretanha do Brexit, é na França dita profunda que esse sentimento de inquietude se manifesta com mais força.

De nada adianta argumentar que o país não é o primeiro destino da imigração na Europa, que é apenas o quinto em números absolutos. A realidade é inaudível. Para muitos, a sensação é de que todos os migrantes do mundo pobre ou em guerra escolheram a França como destino.

O socialista Michel Rocard, quando era primeiro-ministro do presidente François Mitterrand, pronunciou uma frase que virou bordão e é repetida há décadas: "A França não pode acolher toda a miséria do mundo".

Mas, na verdade, muitos imigrantes só escolhem o país por falta de melhor opção.

Na crise migratória de 2015, os refugiados, vindos de países em guerra, tentaram evitar a França. "Aqui é bom para passar férias, mas não para viver", diziam eles a caminho da Alemanha, Áustria, Suécia, à procura de trabalho.

Hoje a França não atrai como em outros períodos de sua história. Calcula-se que mais de 213 mil pessoas pediram asilo em todos os países que integram a União Europeia no segundo trimestre de 2015. Nesse período, a França recebeu 14 mil pedidos de asilo, a Alemanha 80 mil e a Hungria, apesar de suas leis anti-imigração, da extrema-direita no governo e do comportamento xenófobo de inúmeros húngaros, mais de 30 mil.

Vários fatores explicam esse desencanto, entre eles o desemprego e a burocracia no processo de concessão de asilo. Mas também pesa na balança a questão do preconceito religioso. Os refugiados têm o sentimento de que a França trata mal os muçulmanos. E eles são majoritários entre os que fogem dos conflitos. Um em cada cinco candidatos ao asilo vem da Síria (21%), seguidos pelos afegãos (13%). Há também muitos eritreus e sudaneses.

O pior, no caso da França, é que esse desapego parece se justificar: o Ministério do Interior contabilizou, em 2015, mais de 50 atos violentos contra mesquitas, sendo que, em 2014, "somente" 27 tinham sido registrados.

O próprio governo reconhece que o nível de violência anti-Islã é preocupante e vem num crescendo.

Em dezembro de 2010, durante um comício em Lyon, Marine Le Pen, em campanha para a presidência do partido neofascista, denunciou as "orações de rua" dos muçulmanos, comparando-as à ocupação nazista da França durante a Segunda Guerra.

Nada a ver alhos com bugalhos, as tais orações só acontecem onde não há locais de culto, por proibição das autoridades locais.

A mentira

Para a França, a imigração é uma necessidade, inclusive econômica. Como, aliás, o é para praticamente todos os países europeus. Vários estudos sérios confirmam.

A realidade fria dos números contradiz as alegações relativas ao impacto negativo dos fluxos migratórios sobre a economia francesa. Um relatório do Ministério dos Assuntos Sociais relacionado ao custo da imigração sobre a economia revela que os imigrantes, longe de sobrecarregar o orçamento da previdência social, aportam anualmente para as finanças públicas francesas a soma líquida de 12,4 bilhões de euros.

Feitas as contas, eis o resultado: os imigrantes recebem do governo 47,9 bilhões de euros em benefícios diversos, entre aposentadorias, auxílio-moradia, salário-desemprego, renda mínima, suporte à família, saúde e educação, e fornecem € 60,3 bilhões – encargos sociais, impostos e taxas sobre o consumo, impostos sobre a renda, impostos sobre o patrimônio, impostos locais etc. A contribuição positiva é, portanto, de 12,4 bilhões de euros, por volta de 60 bilhões de reais, segundo o Instituto Nacional de Estatísticas Econômicas.

Logo, o x da questão não é contábil, é político.

Ao contrário do que muitos afirmam, não existe na França um único benefício exclusivo para imigrantes.

Comenta-se que os "estrangeiros" tiram o trabalho dos franceses. Eis aí mais uma mentira. Os postos ocupados são, em geral, diferentes, de menor qualificação profissional. Além disso, 600 mil vagas oferecidas pelo *Pôle Emploi* (organismo oficial de ajuda ao emprego) não encontram pessoal competente. O que mostra que o problema está na desconexão entre formação profissional e mercado de trabalho, não na origem do trabalhador.

A descrença

Apesar dos números, o fato é que uma parcela importante dos franceses perdeu a confiança em si mesmos e, consequentemente, na política e nos políticos.

Até a vitória de Emmanuel Macron na presidencial de 2017, a história se repetia: em épocas de eleição, os candidatos publicavam os seus programas em centenas de páginas, que só eram lidas por um punhado de militantes fervorosos, dispostos de antemão a achar tudo lindo, e por meia dúzia de membros da *intelligentsia*, que diariamente se reuniam na televisão, em longos debates de grande qualidade e baixa audiência. A população entendeu (enfim) que as receitas prescritas não funcionavam ou que, muitas vezes, os remédios prometidos eram logo esquecidos, arquivados ou jogados no lixo uma vez passado o pleito.

Neste final da segunda década do século XXI, esses franceses buscam um pai, uma autoridade, e quem melhor encarnou esse papel durante um certo tempo foi Marine Le Pen, a líder da extrema-direita, que se propunha, antes de mais nada, a proteger os franceses mais humildes, aqueles que são mais frágeis e, consequentemente, mais facilmente manipuláveis. Na falta de um pai, ficaram com a mãe, para falar na linguagem típica da psicologia de porta de banheiro.

Populismo? Claro que sim, mas, em termos de comunicação política, funcionou. Até o ano 2000, a maioria dos franceses ainda resistia em votar na extrema-direita, mas as suas ideias foram penetrando no corpo social. Entre 1980 e a virada do milênio, debatia-se se Jean-Marie Le Pen, o pai fundador do Frente Nacional (FN), devia ter espaço na mídia ou ser boicotado. Desde o início do século XXI, contudo, sua filha, Marine, passou a ser convidada até para o Palácio do Eliseu pelo presidente da República, para debater os grandes temas nacionais e internacionais. É ouvida como qualquer outro líder político. A versão feminina da extrema-direita francesa mudou um pouco a embalagem do seu discurso. Do ódio vomitado contra o estrangeiro, passou a falar em "preferência nacional". O antissemitismo deu lugar à islamofobia. E assim ela se tornou mais palatável aos olhos do povo, logo presidenciável.

A França foi invadida, socorro!

Em 2015, a chanceler alemã Angela Merkel abriu as portas de seu país a 1 milhão de refugiados, vindos de países em guerra, sobretudo Síria, Iraque, Afeganistão, Sudão e Eritreia. No mesmo ano, a França foi o terceiro país da União Europeia mais procurado pelos refugiados, com 80.075 pedidos de proteção internacional, longe portanto da Alemanha e até da pequena Suécia, com 156.100 demandas. Portanto, naquela que foi a maior crise migratória do pós-Segunda Guerra, o número de refugiados interessados em viver na França cresceu "apenas" 20%. Desse total, 38% dos requerentes de asilo foram aceitos, ou seja, 30.428. Uma gota d'água no oceano da população francesa de 66 milhões de pessoas.

No entanto, a imagem que se tem no exterior é de que a França foi invadida pelos refugiados, fanáticos muçulmanos, algo totalmente falso. Essa visão é amplamente explorada pela extrema-direita e com tamanho sucesso que, segundo pesquisas de opinião, praticamente 50% dos franceses acreditam que estão efetivamente em perigo.

Na França, 3% da população é negra, a maioria esmagadora originária de ex-colônias da África e dos territórios ultramarinos; 7,5%, muçulmanos, ou seja, 4 milhões 950 mil.

Claro que os números dizem aquilo que queremos que digam, são facilmente manipuláveis, mas nesse caso parecem colocar as coisas nos seus devidos lugares. A França, embora seja o país europeu com a maior população muçulmana, não foi invadida nem atravessa um conflito de civilização, muito embora esse seja o sentimento de muitos.

Enquanto a extrema-direita age por ideologia e populismo, a direita tradicional pesca nas águas fétidas do racismo e da islamofobia por eleitoralismo. Por seu lado, a extrema-esquerda acusa o governo de racismo, ao mesmo tempo que utiliza sempre que pode o conflito israelo-palestino para denunciar o sionismo e insuflar, assim, a hostilidade entre as comunidades árabe e judia. O que acaba criando mais preconceito e discriminação. Tudo, repito, por puro interesse eleitoreiro.

No final de janeiro de 2017, três meses antes da eleição presidencial, o candidato da direita conservadora, François Fillon, em um discurso inflamado, prometeu colocar o culto muçulmano sob "controle administrativo". Ele, que foi durante cinco anos primeiro-ministro de Nicolas Sarkozy, não podia ignorar que a laicidade é o alicerce da sociedade francesa e que sua promessa, além de inconstitucional, tecia um amálgama nauseabundo.

– Ainda bem que temos os socialistas! – diriam os herdeiros de Mitterrand.

Pobres inocentes... as derrapagens da centro-esquerda foram tão desumanas quanto as manobras da direita. Vejam só: em Calais, norte da França, após a destruição em novembro do ano anterior de um acampamento de 10 mil pessoas chamado *Jungle* – Selva –, que o mundo assistiu ao vivo pela televisão, os migrantes, espalhados à força pelo país, começaram a retornar. Como sempre, com o sonho de atravessar o Canal da Mancha rumo à Inglaterra, onde havia mais empregos e a carteira de identidade não é obrigatória, dificultando, assim, os controles policiais e as consequentes expulsões.

Frente ao retorno desesperado desses maltrapilhos à Selva, 30 a 40 por dia, a polícia recebeu ordem de agir e não deixar que o acampamento se formasse novamente. Além de cenas de violência física e psicológica, no início de 2017, em pleno inverno, com temperaturas negativas, a polícia obrigou os migrantes a tirarem os casacos e os sapatos e, assim, pés descalços e em manga de camisa, foram abandonados na estrada, a 30 quilômetros de Calais.

Isso aconteceu durante o mandato do presidente François Hollande, socialista, por ordem do seu ministro do Interior, Bernard Cazeneuve, também socialista.

Mais espantoso ainda foi ver que, com exceção das ONGs humanitárias, a população local, que antes tirava os próprios sapatos para oferecê-los aos refugiados, dessa vez se omitiu.

As cenas de altruísmo desapareceram, a atitude da população mudou.

Com a aproximação do inverno de 2016, a prefeitura de Paris decidiu construir um centro para receber os sem-teto em um terreno municipal, na divisa entre o *Bois de Boulogne* e o *16ème arrondissement*, um bairro elegante da cidade, onde vivem os afortunados. Para que não houvesse um choque arquitetônico, os alojamentos foram construídos com contêineres cobertos de madeira, sóbrios e elegantes. Vistos de fora, nada leva a supor que ali se abrigam mulheres e crianças sem-teto, em busca de uma cama, de uma refeição quente e um dedo de conversa. Calor humano. No entanto, durante a construção e logo após a abertura do centro, houve duas tentativas criminosas de incêndio. Os suspeitos, situados do outro lado da rua, não foram incomodados. Ao contrário, apelaram para a Justiça sob a alegação de que o centro perturbava a vista dos moradores e que deveria, portanto, ser derrubado.

Entre essas e outras, sociólogos e cientistas políticos franceses tentam explicar as múltiplas razões que levam as pessoas a mudar de comportamento e fechar os olhos para fatos que até ontem eram considerados inaceitáveis.

Por sua vez, a extrema-esquerda, populista como o seu contrário, defende a abertura total das fronteiras para que todos aqueles que queiram possam entrar livremente. Sabe que isso não é factível e que provocaria um descontentamento popular inadministrável. Mesmo assim, aposta no caos para ganhar votos.

Infelizmente, o fenômeno não é apenas francês. Depois de ter levado Donald Trump à Casa Branca e o Reino Unido a votar pela saída da União Europeia, ele é visível na Itália, Holanda, Áustria, Hungria, Polônia, Alemanha e até nos desenvolvidíssimos países nórdicos, onde o populismo cresce.

É de se acreditar que a fraternidade esteja se tornando um valor raro, pertencente a um passado ultrapassado, esquecido.

Outro dia ouvi uma tentativa de explicação que, ao que me parece, vale tanto quanto qualquer outra: as pessoas precisam sonhar, têm necessidade de acreditar que as coisas podem mudar e os populistas de direita são os únicos a afirmar, sem pestanejar, que dias melhores virão. Quando? Quando eles chegarem ao poder e, num passe de mágica, resolverem todos os problemas; quando nós, brancos ocidentais, estivermos entre semelhantes, a sós, longe do risco representado por seres de "genes suspeitos" como negros, índios, mulatos, gays, lésbicas, trans, feministas e até pobres.

São as receitas do apocalipse.

Estaríamos definitivamente condenados às trevas? O professor Álvaro Vasconcelos, diretor do Instituto de Estudos de Segurança da União Europeia, é categórico: Não! Ele lembra a derrota de Trump nas eleições parlamentares e para governadores de meio mandato. Acredita que o mesmo pode acontecer na Europa.

"O que está a derrotar Trump são os movimentos das mulheres, os movimentos pelos direitos das minorias, dos imigrantes e dos refugiados, são os movimentos dos jovens contra as armas, os movimentos dos ecologistas, são os movimentos que tiram partido de todas as formas de ação cívica, desde manifestações de rua até as redes sociais, passando pela via judicial, para conter e derrotar o negacionismo ecológico, o sexismo, a ofensiva contra os direitos humanos e a corrupção da política pelos grandes financiadores de campanhas eleitorais. Ao contrário do que muitos previam, foi a agenda dos valores liberais do 'politicamente correto' que mobilizou os eleitores, com as organizações feministas a desempenharem um papel fundamental."

Os direitos humanos não podem ficar à margem das políticas, mas devem aparecer "como parte integrante e essencial de qualquer política europeia", sublinha o presidente da Subcomissão de Direitos Humanos do Parlamento Europeu, Antonio Panzeri.

Ainda há, portanto, quem acredite no dever de se levar em conta – sempre – a promoção da democracia, os direitos das minorias, o primado do direito, a igualdade de gênero.

O fantasma da extrema-direita ■ 25

MAIS VALE UM AFRICANO MORTO

Segundo dados da pesquisa *Eurobarômetro*, hoje os europeus estão mais satisfeitos do que nunca com a democracia, mesmo assim, verifica-se simultaneamente o crescimento de partidos extremistas e eurocéticos, com o avanço do populismo.

Desde a virada do século, a extrema-direita vem ganhando terreno na paisagem política. As eleições de 2017 e 2018 confirmaram essa tendência em países centrais da Europa, como na França, Alemanha, Áustria, Holanda e Itália. Os partidos neofascistas alcançaram resultados históricos e se tornaram extremamente populares. Na península, a Liga (ex-Liga do Norte, separatista), aliada à direita berlusconiana, tornou-se o bloco mais votado, seguido de perto pelo populista Movimento Cinque Stelle, Cinco Estrelas, liderado por um jovem de 24 anos. Consequência: formou-se um governo *sui generis*, composto por populistas anarquistas e neofascistas.

Na França, a presidente da Frente Nacional, Marine Le Pen, foi ao segundo turno das eleições presidenciais, quase dobrando o número de votos de seu pai, Jean-Marie Le Pen, em 2002.

Na Holanda, o Partido da Liberdade, de Geert Wilders (filho de mãe judia, que defende a superioridade racial dos ocidentais), tornou-se, em março de 2017, a segunda força no parlamento, atrás apenas dos Liberais, com 20 das 150 cadeiras.

As derrotas de Marine Le Pen e Geert Wilders deram a ilusão de fragilidade da extrema-direita, o que me parece ser uma leitura deformada. Analisados em perspectiva, os resultados mostram que, ao contrário, ela tem se fortalecido.

Nas legislativas alemãs, de setembro de 2017, assistimos à surpreendente ascensão do Partido Alternativa para a Alemanha, que entrou no Bundestag com 13,2% dos votos, contra 4,7% nas eleições de 2014.

O Partido da Liberdade da Áustria, o mais velho da família populista europeia, recebeu, nas eleições de 15 de outubro de 2017, um número de votos muito próximo do seu recorde histórico de 26%. Isso lhe abriu as portas do poder. Três superministros radicais – Interior, Defesa e Relações Exteriores – entraram no novo governo de coalizão com os conservadores do Partido Popular Austríaco.

De um país a outro, a história é diferente, mas atrás do sucesso da extrema-direita encontramos sempre os mesmos ingredientes: o medo, a insegurança, real ou imaginária, ligada ao terrorismo, à globalização, às incertezas econômicas, à perda de identidade e ao fluxo migratório. Há décadas a imigração é uma preocupação central do eleitorado europeu, sem que os partidos tradicionais tenham encontrado respostas adequadas nem ao menos satisfatórias.

A Alternativa para a Alemanha e o Partido da Liberdade da Áustria avançaram significativamente nos países que mais receberam refugiados em 2015, alimentando o debate sobre o custo político da solidariedade e a capacidade de integração dos recém-chegados.

Paralelamente, cresce o ressentimento popular contra as elites políticas, econômicas e culturais.

O que os demais partidos, principalmente os conservadores, têm feito diante da ascensão da extrema-direita? Sem saber como responder ao desafio, têm optado por copiar o programa dos extremistas, sobretudo no que se refere à questão migratória. Na Áustria, o jovem conservador Sebastian Kurz, do Partido Popular, pautou sua campanha nas questões de segurança, luta contra a imigração, oposição ao islã. Isso lhe trouxe votos, facilitou a aliança de governo do seu partido com a extrema-direita e lhe garantiu o cargo de primeiro-ministro. Seu exemplo tem seguidores.

Na Bulgária, o partido de centro-direita de Boiko Borisov também governa, desde março, em coalizão com partidos nacionalistas.

"Não vamos misturar as cores"

Na Hungria, a situação é paradoxal. Em face da política cada vez mais xenófoba do conservador Viktor Orbán, o partido de extremadireita Jobbik passou a "moderar" seu discurso e se apresenta agora como o principal opositor. O país, dividido entre extrema-direita e direita-extrema, está ameaçado de sanções por parte da União Europeia por não respeito às regras democráticas e aos direitos humanos.

Segundo o premiê húngaro, aqueles que fogem de países em guerra, em busca de sobrevivência, não são refugiados, mas "invasores muçulmanos que ameaçam dissolver a identidade da Hungria e de toda a Europa".

Para combater essa ameaça, o premiê reativou o grupo Visegrad, hostil à imigração, composto por Hungria, Polônia, República Checa e Eslováquia.

Viktor Orbán mandou construir uma dupla cerca de arame farpado ao longo das fronteiras com a Sérvia e a Croácia para impedir a "ameaça" migratória.

Na campanha eleitoral de 2018 (em que se elegeu para um terceiro mandato), afirmou: "Não queremos que nossa cor seja misturada com outras cores."

Falando cruamente, para Orbán preto com branco não dá mulato, dá merda. Seu racismo é visceral.

Na França, as alianças com a extrema-direita ainda são tabu entre os conservadores, mas a direita francesa, representada pelo partido Os Republicanos, plebiscitou em 2017 um novo líder – Laurent Wauquiez –, que defende a cartilha extremista de Le Pen e, se descarta uma aliança eleitoral nacional com a Frente Nacional, parece disposto a fechar os olhos para acordos eleitorais locais e regionais.

O sucesso dos populistas, eurocéticos, hostis à imigração, acelerou a recomposição do cenário político europeu. O caso francês, com a velha guarda varrida do palco político e a eleição do jovem Emmanuel Macron (presidente aos 40 anos), é o melhor exemplo. Ao mesmo tempo, os próprios extremistas se dividem em ideologias mais ou menos radicais. A Frente Nacional e Alternativa para a Alemanha vivem divergências internas profundas. Buscam novas estratégias para chegar ao poder nos países centrais do Velho Mundo. O partido francês mudou o nome; passou a se chamar Rassemblement National, Reunião Nacional. Mais do mesmo...

Até pouquíssimo tempo, analistas explicavam que a ascensão da extrema-direita era consequência das desigualdades sociais e do desemprego. Citavam como exemplo o fato de muitos eleitores comunistas terem migrado para a extrema-direita. Hoje, porém, essas explicações caem por terra, com o sucesso dos radicais se expandindo pelos países nórdicos, campeões da Terceira Via e do bem-estar social.

Na Noruega, um dos líderes do partido conservador, Carl Hagen, tornou-se conhecido por suas críticas ferozes aos muçulmanos, homossexuais, mães solteiras e imigrantes.

Nas últimas legislativas suecas, a extrema-direita pulou para 17,6%. O partido racista se tornou o fiel da balança parlamentar na Suécia e impôs suas pautas no debate: combate à imigração e seus efeitos no modelo de bem-estar social, saída da União Europeia. Durante a campanha, nunca se falou tanto em ordem pública e segurança e tão pouco em saúde e educação.

Na Dinamarca, o partido extremista DPP (Partido do Povo Dinamarquês), vencedor das últimas eleições, integra a coligação governamental. Descontentes, os mais radicais fundaram um novo movimento e iniciaram uma campanha contra imigrantes, que consiste em borrifar os recém-chegados com "sprays" antirrefugiados. Estudantes brasileiros também estiveram na alça de mira.

Na Finlândia, o dirigente do partido populista, xenofóbico e eurofóbico Verdadeiros Finlandeses, que já era abertamente racista, agora não hesita em comparar o islã à pedofilia e a pedir sanções contra organizações humanitárias que resgatam refugiados no mar Mediterrâneo, sob o argumento de que elas incentivam o movimento de africanos rumo à Europa. Para eles, "Verdadeiros Finlandeses", mais vale um africano morto afogado.

UMA HISTÓRIA (QUASE) BANAL

O Afeganistão é um dos países mais pobres e inóspitos do mundo, localizado no centro da Ásia, na encruzilhada entre o Sul, a Ásia Central e a Ásia Ocidental. Povoado por cerca de 34 milhões de habitantes, é o 40° país mais populoso do mundo e o 40° maior em área. Sua posição é estratégica: faz fronteira com o Paquistão ao sul e ao leste, com o Irã a oeste, com o Turcomenistão, Uzbequistão e Tajiquistão ao norte, e com a China no nordeste.

Segundo uma estimativa de 2006, a população cresce 2,67% ao ano. O índice de natalidade é de 46,6 a cada 1.000 habitantes, enquanto o índice de mortalidade é 20,34 a cada 1.000 habitantes. A taxa de mortalidade infantil é superior a 160 mortes a cada 1.000 nascimentos. A expectativa de vida é de 43 anos e meio. Menos de 40% da população é alfabetizada. Mais de 99% dos afegãos são muçulmanos.

O Afeganistão também é o maior produtor mundial de ópio. De 80% a 90% da heroína consumida na Europa provém de ópio produzido no Afeganistão.

A instabilidade política e os conflitos internos arruinaram a sua débil economia, a tal ponto que um terço da população abandonou o país.

Foi ali que nasceu Shikhali Mirzai, no dia 1° de novembro de 1993. No momento em que escrevo, ele tem 25 anos e muitos sonhos. Seu destino parecia traçado; era filho do chefe do vilarejo, membro do exército oficial, e, pela tradição, deveria ocupar o lugar do pai após sua morte. Mas, em vez do futuro promissor, acabou engrossando as fileiras de migrantes. Sua história é quase banal nesse país considerado o mais perigoso do mundo, que recebeu o título de maior produtor de refugiados e requerentes de asilo, superando a Síria do clã Assad.

Hoje, ele vive em Paris. Pelo menos por um tempo.

Shikhali não tem uma perna, foi amputado após um atentado, quando tinha 18 anos. O carro em que estava, com seus pais e um de seus dois irmãos, foi atacado pelos talibãs. A mãe morreu e ele ficou ferido. Andou durante anos com uma prótese que não era adaptada ao seu tamanho. Mas não reclamava, apesar do andar desengonçado... e dolorido.

Shikhali foi hospitalizado em Cabul e os médicos, incapazes de decidir se o operavam ou não. O tempo passou, até que decidiram transportá-lo para o Paquistão. Ali, tentaram salvar a sua perna. Ficou dois anos internado, longe da família. Voltou para o Afeganistão, mas como as dores eram insuportáveis, teve de retornar ao país vizinho, onde foi amputado e lhe colocaram uma prótese provisória.

Ao retornar ao vilarejo natal, soube que seu pai havia sido assassinado pelos talibãs. Nesse meio-tempo, o tio passou para o "outro lado". Foi então que chamou, a ele e ao irmão, e ameaçou: – Ou vocês fogem ou serão mortos.

– Quando?

– Já.

– E nosso irmão mais novo?

– Eu cuido – disse a tia.

Os dois fizeram um saco com uma troca de roupa, pegaram todo o dinheiro (pouco) que o pai havia deixado e alguns pertences e partiram na mesma noite, a pé. Como a rota para o oeste, rumo ao Irã, era arriscada demais, com a fronteira sob estrito controle militar, preferiram ir para o Paquistão, atravessar metade do país e daí seguir para o sul do Irã. Quatro semanas depois, conseguiram um atravessador, que os levaram até a fronteira.

Ali esperaram a noite e atravessaram. Foram 16 horas pelas montanhas, a 2 mil metros de altitude. O objetivo era chegar à Turquia e daí seguir para a Europa. Era preciso, portanto, atravessar o Irã, passando por regiões perigosíssimas. O único caminho possível nesse caso era pelas montanhas, à noite, a pé. Assim foi. Encontraram uma família de refugiados e seguiram juntos. Shikhali, com sua prótese inadaptada, carregava uma criança nas costas. Seu irmão, outra. Conseguiram, enfim, um atravessador e seguiram todos os seis no bagageiro de um carro Peugeot, que transportava 17 pessoas. Ao todo foi mais de um mês de travessia, em meio ao frio, à fome, à sede, à dor e à incerteza. Até chegar à fronteira com a Turquia, onde encontraram uma horda de refugiados.

Após algumas semanas de espera, tendo uma enorme cerca à frente, conseguiram, enfim, entrar na Turquia, onde contrataram mais um atravessador, que pela bagatela de mil euros por pessoa os levou, num veículo praticamente sem freio, caindo aos pedaços, à noite, faróis apagados, até o ponto de travessia para a Grécia. Ou melhor, os levou até um lugar "próximo", a algumas dezenas de quilômetros, distância que uma vez mais foi percorrida a pé, também de madrugada, em 48 horas.

Estavam chegando perto da sonhada Europa, Shikhali com uma prótese vários centímetros menor que sua outra perna, ambos sujos, famintos, porém cheios de esperança... A salvação estava logo ali, do outro lado do Egeu.

Bom demais para ser verdade. Enquanto os turistas atravessam o mar, numa viagem paradisíaca entre o balneário turco de Bodrum e a ilha grega de Nos, em grandes barcos com lanchonete, onde se aceitam tanto a lira turca quanto o euro, poltronas que reclinam, ar-condicionado e um terraço ao ar livre, face ao azul do mar, os refugiados fazem fila para chegar aos traficantes, que vendem a ilusão da travessia a preço de ouro, em leilões improvisados à vista das autoridades locais.

Os irmãos conseguiram pegar um barco inflável, do tipo zodíaco, uma semana depois. Uma sorte, segundo Shikhali. Sorte?

À noite, deixaram a Turquia rumo à Grécia europeia. A terra prometida! No entanto, horas depois do início da travessia, o motor parou. Sessenta pessoas a bordo (numa embarcação para vinte), muitas crianças e mulheres, dois bebês, nenhum colete salva-vidas. Ninguém, ou quase ninguém, sabia nadar. Com sua prótese, Shikhali estava condenado. Acenderam então os celulares e começaram a gritar. Quis o destino que três horas depois um barco da marinha grega surgisse, alertasse outras embarcações que se encontravam nas redondezas e todos puderam ser salvos.

Assim chegaram à Grécia, à ilha de Lesbos, à Europa sonhada. Foram levados para o campo de refugiados de Morya. Ali puderam, depois de muito tempo, tomar um banho. No campo, espécie de prisão ao ar livre, com tendas improvisadas, a vida consistia em fazer fila. Acordava-se às cinco da manhã para entrar na fila do café. Apenas terminado, entrava-se na fila do almoço. E, enfim, na fila do jantar. Quem chegasse tarde não comia: pão duro com chá pela manhã, uma sopa rala no almoço e no jantar. Mas lá, pelo menos, havia o calor humano dos trabalhadores humanitários. "Foram momentos de felicidade..."

Pela primeira vez desde o início do périplo, ele se sentiu otimista com relação ao futuro.

Os irmãos ali viveram durante três meses, até que um dos chefes do campo, vendo a dificuldade de Shikhali em andar, decidiu autorizá-lo a ir consultar um médico em Atenas. "Ao deixar Lesbos, tive o sentimento estranho de estar deixando novamente o meu país." Shikhali foi transferido para o campo de Oinofyta, na capital grega, onde permaneceu durante quatro meses e fez vários amigos entre os voluntários. Até o dia em que um deles, seu melhor amigo, morreu afogado. Então, decidiu partir.

Dessa vez só, rumo ao sul da Itália. Perdeu totalmente o contato com o irmão, único vínculo familiar. Decidiu, então, nem ele sabe por que, tentar chegar à França e ali parar o seu périplo. Deixou suas últimas economias na negociação de uma "carona" com um caminhoneiro que ia para Nice, na Costa Azul, sul da França. Tinha uma condição. Ele viajaria entre as rodas, segurando nos eixos, portanto embaixo do veículo. Se adormecesse e largasse, morreria. Foram as 36 horas mais longas de sua vida, em que não pôde fechar os olhos, sob pena de cair. Trinta e seis horas, um dia e meio sem fechar os olhos, sem comer, sem beber, se segurando nos eixos de um caminhão, ralando as costas pelo caminho.

Chegou, enfim, às proximidades de Ventimiglia, província da Ligúria, fronteira entre a Itália e a França, ensanguentado, com dores por todo o corpo, exausto. O caminhoneiro estacionou num descampado e disse para ele esperar meia hora, que ia buscar água e comida. Nunca mais voltou.

Ao contar sua história, Shikhali não se queixa em nenhum momento. Não tem nem sequer uma palavra contra o motorista do caminhão, nem contra seu tio, nem contra o destino.

Continuou avançando. Atravessou a fronteira e foi para a estação de trem mais próxima. Como clandestino, sem um centavo no bolso, comendo os restos que achava nas lixeiras, pulou de trem em trem até desembarcar em Paris, em Gare du Nord, onde foi detido pela polícia e interrogado durante seis horas. Chegou à rua Jean Jaurès e ficou apavorado com o que viu: um acampamento de 3 mil

O fantasma da extrema-direita ■ 33

refugiados debaixo da linha do metrô, onde encontrou outros afegãos. A primeira imagem de Paris foi a da imundice: um banheiro químico para cada mil pessoas. A segunda, a da solidariedade dos vizinhos e das ONGs, que diariamente ali passavam para distribuir comida ou para um dedo de prosa. A terceira, a da evacuação daquelas pessoas sem destino, ordenada pelo governo. "Por causa da minha perna, era muito difícil dormir na rua. A prótese tinha quebrado e ferido minha perna. Sem falar no frio glacial."

Shikhali, graças à ajuda de Christine, Diana, Nadiya e Fatima, foi levado para um quarto na Place Clichy, onde podia circular livremente, tomar banho todo dia com sabonete e, pela primeira vez desde que havia deixado seu país, dormir em um colchão de verdade.

Na Toth, uma escola para refugiados, começou a aprender francês. Uma de suas primeiras frases foi:

– *En France, tout le monde est gentil!* (Na França, todos são gentis!)

Com a ajuda das associações humanitárias, conseguiu entrar em contato com o centro de refugiados onde ficou na Grécia e ter notícias do irmão. Estava na Suécia, onde pediu asilo político. Conversaram muito e ainda conversam, sempre que podem, contando suas peripécias. Como nenhum dos dois pode viajar, ainda não se viram. Sonham com esse dia.

Shikhali decidiu ficar na França, pediu asilo; a resposta demorou um ano. Nesse meio-tempo recebeu uma nova prótese, do tamanho certo, e parou de mancar.

Em sete meses, obteve dois diplomas de francês básico. Seu objetivo é cursar a prestigiosa Sciences Po, por onde passam as elites francesas, e se tornar um cidadão. Enquanto isso, ajuda os refugiados como intérprete e na burocracia.

Vive como todos os demandantes de asilo na França, com 7 euros por dia, pouco mais de 200 euros por mês (o salário mínimo é de € 1.200,00).

No dia 15 de junho de 2018, data da final da Copa do Mundo, postou uma foto no Facebook, orgulhoso, ao lado de franceses e de outros refugiados, vestindo a camiseta *bleu, blanc, rouge*, comemorando num bar o título da "sua" seleção.

Seu primeiro pedido de asilo foi rejeitado. Shikhali entrou com recurso.

Ele publicou na revista de uma ONG:

> *Je pense que le racisme et la xénophobie viennent de l'ignorance. Je veux, en racontant mon histoire, montrer que les réfugiés sont des êtres humains avec des problèmes, des projets et des rêves comme tout le monde. En racontant mon histoire je veux avant tout lutter contre l'ignorance et ainsi contre le racisme et la xénophobie.*
>
> [Penso que o racismo e a xenofobia vêm da ignorância. Quis contar a minha história para mostrar que os refugiados são seres humanos com problemas, projetos e sonhos como todo mundo. Ao contar a minha história, pretendo lutar contra a ignorância, o racismo e a xenofobia.]

Quando ouço pessoas dizerem que, ao aceitar refugiados, o país está abrindo as portas ao terrorismo, penso em Shikhali.

Infelizmente, sua história não é excepcional. É uma história vivida, como a de centenas de milhares de homens, mulheres, velhos e crianças expulsos de suas vidas. Uma história quase banal...

ENCONTRO COM TAYODJO

A história do camaronês Franck Tayodjo tem certas semelhanças com a do afegão Shikhali: ele trabalhava no jornal *Aurore Plus*, opositor à ditadura de Paul Biya, no poder desde 1982. Nas eleições de 2003 nos Camarões, o jornal fez campanha contra a fraude na contagem dos votos. A resposta de Biya foi imediata: enviou a polícia secreta ao *Aurore* intimidar jornalistas, houve mortos, o presidente fechou o jornal. A casa de Franck não foi poupada. "Os militares entraram perguntando por mim e, como minha mulher disse que eu não estava, começaram a bater nela. Ela gritou, eu apareci e eles me levaram."

Franck Tayodjo foi torturado numa prisão subterrânea. Suas pernas conservam até hoje as marcas da violência. Apesar de seus apenas 41 anos, anda como um velho. A técnica preferida dos algozes era fazer rolar os presos no chão e caminhar com as botas sobre eles. Enquanto os ossos quebravam, os torturadores davam gargalhadas.

Pela primeira vez após 15 anos de exílio, Tayodjo falou abertamente a um jornalista italiano. O encontro aconteceu na pequena Capela da *Fuga para o Egito*, do Centro Astalli: dois bancos, uma cruz etíope e um missal sobre o reduzido altar, que também foi a escrivaninha do padre Pedro Arrupe, que criou o JRS, Serviço Jesuíta aos Refugiados, há 35 anos, na altura dos *boat people* vietnamitas. Nas paredes, um ícone pintado por Abbye Melaka, refugiado etíope que ali chegou na década de 1990 e hoje vive na Alemanha. A obra evoca a cena da fuga, que a tradição católica coloca no começo da vida de Cristo. Em frente, outro ícone representa a Última Ceia de Jesus com os seus discípulos, lembrando, como se preciso fosse, que naquela casa o pão é partilhado com quem tem fome.

Em 2003, graças à ajuda dos padres jesuítas, Franck Tayodjo conseguiu fugir da prisão, primeiro para Bamenda, na região secessionista dos Camarões, depois para a Nigéria, país que estava em guerra com o vizinho. Ali, porém, não se sentia seguro, arriscava a pele a cada instante.

Foi, então, que arranjou documentos falsos e viajou, no porão de um avião da Alitalia, sem poder se mexer durante as oito horas de voo. Não sabia que se tratava de um avião italiano nem para onde ia. Quando chegou a Roma, foi desembarcado com as malas e lhe informaram que poderia pedir asilo político.

Após um longo interrogatório no aeroporto de Fiumicino, deram-lhe o endereço do Centro Astalli, que fica atrás da igreja jesuíta do Gesù, no centro de Roma. Cinco dias depois pôde tomar o primeiro banho, foi visto por um médico, contou a sua história, falou com um psicólogo e juristas e, logo então, começou a aprender italiano. A resposta ao pedido de asilo, positiva, chegou um ano e meio mais tarde. Passaram-se alguns anos até que conseguisse trazer a mulher.

A história de Franck poderia ter tido um final feliz, mas não é assim que ele se sente: em Roma, faz alguns poucos trabalhos manuais, é visto como um "eterno precário". Vive numa casa nos arredores da cidade com a mulher, que trabalha como empregada doméstica. Eles se veem duas vezes por semana, quando ela não dorme no emprego (o que é raríssimo na Europa). Como refugiado político, não recebe nenhuma ajuda do Estado.

O casal Tayodjo chora a perda de um filho de três anos, quando ainda estava em Camarões, por falta de assistência médica. Ele e a mulher adotaram uma criança, que tinha mais ou menos a idade do filho que morreu e que entrou na universidade em 2017. É o orgulho do casal. Quando ele fala, os olhos se enchem de lágrimas.

Há cinco anos, Franck acompanha os voluntários do JRS nas escolas, onde conta a sua história e descreve para os alunos a situação dos refugiados.

O objetivo, diz ele, é fazer com que os jovens desenvolvam um pensamento crítico, a partir de um testemunho que, em geral, não tem espaço na mídia; é mostrar a realidade sobre as migrações forçadas, o contexto geopolítico, as condições de vida nos países de origem dos refugiados, o direito de asilo, os direitos humanos...

Desse trabalho em torno do "encontro com um refugiado" surgiu a ideia de um concurso literário. Mais de 15 mil jovens participaram da edição de 2017.

O concurso não se restringe aos refugiados de hoje. A memória histórica da Itália como país de emigração também serve de recurso. Muitos jovens têm recordado as histórias da emigração econômica dos pais ou dos avós após a Segunda Guerra Mundial, antes esquecidas.

Aos jovens, Franck também conta que há pouco tempo, num ônibus, uma mulher virou-se para ele e disse que por culpa sua o veículo estava cheio, que o seu lugar não era ali. "Se cedo o lugar a alguém, me dizem que a gentileza seria retornar para o meu país."

"Vim para um continente democrático, supostamente civilizado, que deu muita coisa à África, mas que descarrega sobre nós, refugiados e imigrantes, a ideia de que a crise é culpa nossa. Antes, os maus eram os italianos que emigravam ou os pobres do sul da península que iam para o norte rico. Hoje, somos nós, fugitivos da violência e da miséria."

O fantasma da extrema-direita ∎ 37

BRINCANDO COM FOGO

"A Europa reencontrou o sentido trágico da História. O mito da prosperidade acabou. A geopolítica regressou. Algumas democracias entraram em regressão. Se o Norte e o Sul e o Leste e o Oeste não perceberem que têm um interesse comum, o declínio será inevitável."

Jacques Rupnik, politólogo francês de Sciences Po, especialista da "outra" Europa, sobre a crise do liberalismo e o regresso do nacionalismo

Apesar dos pesares, a ascensão dos partidos de extrema-direita na Europa era, até há pouco, sistematicamente minimizada, como se fosse um fenômeno passageiro e sem importância, relegado a algumas poucas linhas de jornal em época eleitoral. O nazismo e o fascismo eram vistos como coisas do passado, do século XX, quando as circunstâncias históricas eram bem diferentes. Afinal de contas, hoje, todos os partidos, sem exceção, se submetem sem pestanejar ao jogo democrático, ao veredito do sufrágio universal, portanto, à vontade do povo. Como se esse aval fosse a garantia definitiva do melhor, uma espécie de salvo-conduto.

O debate político tinha se tornado insosso, ficando, muitas vezes, na superfície ou na polêmica estéril. Usavam-se mil artifícios para evitar conflitos. Os analistas preferiam o termo politicamente correto "direita radical" àquele "extrema-direita". Raros eram os que apontavam esses partidos como perigosos para a democracia. E assim assistimos, inertes, ao avanço dos extremistas na Hungria, com o Fidesz, dos irmãos Orbán, a descontruir o Estado de Direito. A União Europeia, que em seus estatutos congrega única e exclusivamente democracias, tem se mostrado impotente. As ameaças de exclusão desses países não são aplicadas.

Entre tantos exemplos, é bom lembrar que o Partido Social-Democrático da Alemanha (NPD) e o Aurora Dourada na Grécia se reclamam abertamente neonazistas. Na Holanda, o partido de Geert

Wilders, que chegou a integrar o governo, diz em alto e bom som que o QI dos muçulmanos é baixo porque eles pertencem a uma raça inferior. No Reino Unido, o Ukip hipernacionalista pesou na balança do Brexit. Na Itália, a coalizão liderada pela Liga, de extrema-direita, que defendeu durante anos o desmembramento da península, venceu as eleições de 2018, com o populista anárquico Cinco Estrelas em segundo lugar.

Por mais díspares que esses movimentos pareçam, com suas histórias distintas, argumentos e explicações próprias, fundamentalmente são dois lados de uma mesma moeda. Cada um à sua maneira reage ao sentimento de perda de identidade e de controle da situação. Uns votam olhando para trás, outros sonham em levantar muros.

Todos, parte dos alemães como dos austríacos, catalães e italianos, deixaram de acreditar na capacidade dos governos centrais de responder às suas necessidades e anseios. Eles reagem, assim, à globalização, preferem ficar entre si a se abrir aos outros. A verdade é que nenhum governo, por mais competente e popular que seja, tem condições de administrar a globalização. Na Europa como na América, na Ásia, no Oriente Médio, no nosso Brasil. Vários grandes desafios são mundiais, logo as soluções também o são: crise migratória, mudanças tecnológicas, aquecimento climático, terrorismo, segurança cibernética, crime organizado, desemprego de massa devido à inteligência artificial. Vivemos em um espaço comum, onde os alicerces das nações estão fortemente abalados. Os partidos políticos, a democracia, as instituições republicanas não respondem mais aos desafios. E as novas formas de produção, consumo, trabalho, comunicação transformam as relações sociais e econômicas.

Nós, humanos, respondemos como podemos, muitas vezes como a tartaruga, que encolhe a cabeça e se esconde na carapaça para se proteger, ou como o avestruz, que quando se sente ameaçado enterra a cabeça na areia.

A certeza de que a democracia é sólida nos adormeceu. O modelo democrático não responde à velocidade das nossas interrogações, dos nossos medos. Mesmo se, como disse Winston Churchill, ainda é o melhor que existe. De longe...

Não há dúvida de que os movimentos extremistas, tanto de direita como de esquerda, respeitam o jogo democrático. Contudo, não se pode esquecer que os partidos nazifascistas de antes da Segunda Guerra também chegaram ao poder pelo voto, tanto na Itália como na Alemanha. Mussolini se declarava "social e popular", Hitler defendia o "nacional-socialismo".

Na França, o parlamento republicano levou os colaboracionistas ao poder. O marechal Pétain foi investido chefe de Estado com plenos poderes pela Assembleia Nacional (na época majoritariamente socialista), em 10 de julho de 1940, de maneira perfeitamente constitucional. Dias antes, como condição para assumir a chefia do governo, o velho militar, herói da Primeira Guerra, impôs a assinatura do armistício com a Alemanha, retirando a França do conflito. Assim foi. Por exigência pessoal de Adolf Hitler, num ato humilhante de vingança, a cerimônia aconteceu no mesmo vagão em que fora assinado o armistício de 1918 pela Alemanha, então derrotada.

Instalado em Vichy, no centro da França, Pétain dirigiu a sua "Revolução Nacional", à frente de um governo autoritário, colaboracionista, antissemita.

Adormecidos, somos incapazes de ver o óbvio: tanto Mussolini como Hitler ou Pétain não chegaram ao poder através de golpes, mas graças a um discurso anticapitalista, antiliberal, racista, xenófobo e antissemita pela via democrática e constitucional. Esse mesmo discurso hoje sai da boca dos líderes populistas do alemão Pegida, do francês Front National, do belga Vlaams Belang, do austríaco FPÖ, do húngaro Fidesz, do suíço União Democrática de Centro, dos escandinavos Partido do Progresso, Popular Dinamarquês, Democratas da Suécia.

Para chegar aonde chegou, a extrema-direita tem tomado emprestado os remédios econômicos da esquerda radical (na França, nos anos 1980, Le Pen plagiou o programa do Partido Comunista), voltados para o social, para a estatização, soberania, protecionismo. Suas receitas são populistas, suas ideias antiquíssimas e reconhecidamente ineficazes e perigosas.

A extrema-direita se aproveita da democracia para chegar ao poder e, então, questionar as liberdades civis e econômicas. Em outras palavras, se aproveita dela para chegar ao poder prometendo romper com a velha política e, depois, governar de acordo com o autoritarismo arcaico.

O historiador português José Pacheco Pereira, em entrevista ao jornal *Público*, descreveu o fenômeno dos "novos ditadores com votos mas sem lei":

> Os novos ditadores nascem dentro da democracia e têm votos. Muitos votos. Cumprem uma das condições democráticas essenciais: são eleitos e mandatários da soberania popular expressa pelo voto. Mas não são democráticos, porque lhes falta o segundo requisito fundamental da democracia: o primado da lei. E, dentro do primado da lei, o respeito pelos procedimentos democráticos, pelos direitos humanos, pelas garantias, pelas liberdades. O facto de poderem mudar as leis para as compatibilizar com o seu poder autoritário não os faz menos ditadores, porque as novas leis já estão ao serviço do seu poder e não da democracia e da liberdade.
>
> Na verdade, não há grande mistério nem complexidade nestes processos, é da dissolução da democracia por dentro que se trata e todos sabem que é assim, porque o ascenso do ódio e do medo acompanha 'a acção política dos novos ditadores. E os seus alvos percebem muito bem como o ar fica irrespirável. Seja com os gémeos Kaczynski, com Orbán, com Erdogan, com Duterte, com Trump e com Bolsonaro, todos sabemos o que está a acontecer e só por hipocrisia é que se arranjam pretextos para não os combater como devem ser combatidos, sem hesitações nem transigências.

Além de rejeitar os refugiados e os estrangeiros de forma geral, os populistas europeus sonham também em dar marcha à ré na economia, voltando para um mundo onde não existia globalização, onde as indústrias nacionais garantiam o pleno emprego e bons níveis de vida. Um mundo protegido por fronteiras intransponíveis, com governos ricos que distribuíam bem-estar, onde não havia ameaças terroristas nem aquecimento climático.

Acontece que o Paraíso Perdido é uma ilusão: basta olhar para a história europeia do século XX, com duas guerras mundiais, milhões de mortos, a angústia da Guerra Fria e o risco onipresente de um holocausto nuclear.

Como disse o cientista político Alfredo Valadão num artigo recente, "tentar dar marcha à ré para um mundo que na verdade nunca existiu não faz nenhum sentido".

Os neonazistas no Bundestag

Se não for declarada imediatamente guerra a esses inimigos da democracia, amanhã a epidemia ganhará os palácios presidenciais.

Será que ainda há tempo?

Talvez não, talvez seja tarde demais.

Se olharmos para o centro da Europa, veremos que na Alemanha, o país do Terceiro Reich, os neonazistas do AfD (Alternativa para a Alemanha) entraram no Bundestag. Algo totalmente inimaginável até abril de 2013, quando o partido foi criado, obtendo quase 4,7% dos sufrágios cinco meses depois.

Nas legislativas de 24 de setembro de 2017, o Alternativa para a Alemanha teve 13% dos votos, tornando-se o terceiro maior partido alemão e o primeiro neonazista a entrar no Bundestag no pós-guerra com 87 deputados.

Quem são seus eleitores?

Ao contrário do que poderíamos supor, eles não são mais ignorantes, pobres ou trabalhadores precários que os dos outros partidos. Têm, na maioria, o mesmo grau de escolaridade e situação econômica semelhante. O que os motiva é, sobretudo, o medo em relação ao futuro. Medo do crime, medo de perder o controle, medo de não ser levado em conta, medo de que a situação pessoal mude para pior, um medo existencial, o *Angst*, sentimento tipicamente alemão, mistura de medo e angústia.

O movimento ganhou eleitores preocupados com a identidade alemã, que estaria, segundo eles, ameaçada pela influência do islã. De acordo com uma pesquisa feita junto a esse eleitorado, 99% disse que o partido "percebeu melhor que os demais que as pessoas se sentem inseguras", 99% também está de acordo com a necessidade imperiosa de "diminuir a influência do islã na Alemanha" (vivem na Alemanha 4,7 milhões de muçulmanos, perfeitamente integrados, pouco mais de 5% da população total, de 83 milhões).

Outros 96% dos eleitores acham que devem ser impostos limites à entrada de refugiados e 85% viram esse partido como o único meio de colocar na urna um voto de protesto. Interessante notar, contudo, que 55% deles consideram que o Alternativa para a Alemanha não respeita a imperiosa distância com relação à extrema-direita. Mesmo assim, votaram.

O seu principal líder, Alexander Gauland, afirmou que os alemães deveriam se orgulhar da atuação de seus soldados nas duas guerras mundiais. Não disse uma palavra sequer sobre os crimes contra a humanidade por eles cometidos.

O AfD tem flertado com essa retórica saudosista e ufanista como meio de ganhar publicidade, assegurar cobertura midiática e ganhar o voto extremista. Com sucesso.

Alternativa para a Alemanha começou a aparecer quando dos primeiros protestos contra a imigração, em 2014, e deu um grande salto com a entrada de quase um milhão de refugiados no ano seguinte.

O que aconteceu entre o momento em que os alemães foram em peso recebê-los nas estações ferroviárias com comida, bebidas e envolvê-los de calor humano, no verão de 2015, e setembro de 2017? A burocracia alemã não estava preparada para acolher os refugiados nem para examinar os pedidos de asilo com rapidez suficiente, ginásios e escolas permaneceram durante meses ocupados, criando a sensação de que o país não conseguiria integrar os recém-chegados. Dois anos depois, porém, os sinais de integração eram promissores, mas o sentimento de temor não passou. O AfD tornou-se o único partido receptivo ao pânico dos eleitores que sofrem de *Angst*.

A grande questão agora é como lidar com um movimento que derrapa claramente para o neonazismo e ganha cada dia mais adeptos. Merkel disse que quer recuperar os eleitores do AfD, ouvir as suas preocupações e lidar com os seus medos, através de boas soluções políticas. Na Europa, outros já disseram isso antes, e fracassaram.

Economicamente, Merkel parece estar suplantando o desafio, mas a um preço político elevadíssimo.

Segundo o Ministério do Trabalho alemão, o número de refugiados empregados e integrados, originários dos oito países com mais pedidos de asilo, aumentou de 100.000 para 306.574 em maio de 2018, comparativamente ao mesmo mês do ano anterior.

Três em cada quatro tinham um contrato de trabalho e contribuíam para a previdência social. Os demais frequentavam cursos de língua e cultura alemãs.

Apenas 10% foram registrados como desempregados.

Os refugiados ocupam o espaço deixado livre pelos alemães.

A escassez de mão de obra, qualificada ou não, e a falta de jovens dispostos a integrar programas de formação tornaram-se as grandes preocupações dos gestores da maior economia da Europa. Mais de um terço das empresas não encontra mão de obra para preencher todos os seus postos de trabalho. As vagas disponíveis para cursos de formação atingiram seu nível mais alto nos últimos 20 anos.

No entanto, apesar do sucesso econômico, Merkel perdeu a batalha política para a ala radical da direita alemã e, após ter sido levada a deixar a presidência de seu partido, está com os dias na chancelaria contados.

O novo antissemitismo

A ascensão do AfD islamofóbico preocupa, em primeiro lugar, é claro, os muçulmanos. Mas não só.

Os judeus europeus também estão aflitos com o renascimento dessa extrema-direita na Alemanha. O Conselho Central dos Judeus alemães considerou que os resultados das eleições legislativas confirmaram seus piores temores e pediu união contra o AfD.

O presidente do Congresso Judaico Mundial, Ronald Lauder, chamou a chanceler Angela Merkel de "uma amiga verdadeira de

Israel e do povo judeu" e, com relação ao AfD, disse: "É abominável que o partido, um movimento reacionário vergonhoso que repete o pior do passado da Alemanha e deveria ser proibido, agora tenha a possibilidade de promover sua plataforma vil no Parlamento."

A Alemanha abriga hoje 200 mil judeus. Em 2018, os atos antissemitas na Alemanha registraram aumento de quase 10% e alcançaram seu nível mais alto desde 2009. Já os atos violentos contra judeus tiveram uma escalada de 60%. Foram contabilizados 1.646 atos antissemitas, que deixaram 43 pessoas feridas; 857 suspeitos pelos atos e pelos ataques foram identificados. Destes, 19 foram presos. Os velhos fantasmas ressuscitam.

Na França, ganha corpo o novo antissemitismo, fenômeno que assustou a sociedade a partir da morte de Sarah Halimi, 65 anos, judia, defenestrada depois de ter sido torturada por um jovem vizinho muçulmano de 27 anos, em 4 de abril de 2017. E de Mireille Knoll, 85 anos, sobrevivente de Auschwitz, assassinada em março de 2018 em sua própria casa por um jovem argelino aos gritos de "*Allah Akbar!*" Deus é grande!

Mireille sobreviveu aos horrores do pior campo de extermínio nazista para morrer a facadas em seu apartamento parisiense.

Ilan Halimi, 23 anos, foi sequestrado, torturado e morto pela "Gangue dos bárbaros", que pediu milhões de euros em troca da vida do jovem. Seu chefe, Youssouf Fofana, tinha certeza de obter o resgate porque Ilan era judeu, portanto, rico. No local do assassinato foi plantada uma árvore, cortada a golpes de machado em meio aos protestos dos "coletes amarelos".

As numerosas populações israelitas de subúrbios como Créteil e Sarcelles, que antes conviviam lado a lado com comunidades muçulmanas, foram praticamente expulsas, vítimas de agressões e insultos. Ao êxodo interno soma-se o aumento da tentação da Aliá (migração de judeus para Israel), com 4 mil judeus deixando anualmente a França rumo à Israel, após um pico de 8 mil, em 2015.

Para Philippe Val, que foi redator-chefe do semanário *Charlie Hebdo*, a França não é antissemita, é um país onde a ideologia intelectual antissionista é antissemita e secretamente compatível com a radicalização islâmica. Ele considera que o novo antissemitismo encontrou sua plena ilustração na onda de ódio contra Israel e os judeus por ocasião dos incidentes na Faixa de Gaza.

Assim, coexistem um antissemitismo de esquerda, em sua versão antissionista e pró-Palestina, e outro de direita, o antissemitismo tradicional, racista, que assimila os judeus ao mundo do dinheiro, da mídia etc.

Consequência: o número de atos antissemitas em 2018 aumentou 74%, de acordo com o primeiro-ministro Edouard Philippe. Os judeus somam apenas 1% da população francesa, mas são alvo de 50% dos atos racistas.

OS EUROPEUS HIPNOTIZADOS

A União Europeia (UE) está ameaçada e pode vir a desaparecer com o avanço do populismo e da tentação nacionalista. A advertência, feita em tom alarmista, não é a previsão de um neófito, nem de um simples funcionário de Bruxelas, mas do ex-presidente do Parlamento Europeu, o alemão Martin Schulz, conceituadíssimo entre os seus pares e um dos líderes da social-democracia alemã (que em visita ao Brasil um mês antes das eleições presidenciais lançou um grito de alerta contra a onda extremista e populista que ganha o mundo).

"A União Europeia está em perigo. Ninguém pode dizer se em dez anos a UE continuará existindo tal qual, há forças que trabalham para nos separar. Precisamos evitar isso porque as consequências serão dramáticas", advertiu Schulz ao jornal alemão *Die Welt*.

Com efeito, a alternativa à atual UE seria uma Europa nacionalista, de fronteiras e muros, as mesmas fronteiras e os mesmos muros que conduziram o continente e o mundo à catástrofe no século passado. A questão é saber que projeto europeu teremos a curto prazo, se a versão autoritária, xenófoba e racista dos Orbáns, Le Pens e Salvinis, ou se o bloco conseguirá resistir à onda ultraconservadora para se manter como um lugar de tolerância cultural e convivência democrática.

Fica cada vez mais claro que não dá para continuar a varrer a sujeira para debaixo do tapete. Para Martin Schulz, a Europa está seriamente ameaçada de desintegração, contaminada pelos vírus do populismo, da xenofobia, dos nacionalismos de extrema-direita e, em menor proporção, de extrema-esquerda.

Diante dos imensos desafios, muita gente acredita que a solução é dar meia-volta e retornar aos Estados nacionais fechados, autoritários e protegidos por fronteiras em forma de fortalezas. Existe a ilusão de que as velhas identidades nacionais resolverão tudo. Esses se esquecem de que a integração europeia se construiu para que nunca mais voltássemos aos tempos de tensões e guerras, que destruíram o Velho Continente no século passado, em duas guerras mundiais.

Desde a sua criação, a União Europeia garantiu a paz e a prosperidade. Os países-membros do bloco abandonaram os chauvinismos e passaram a partilhar parcelas cada vez maiores de soberania. Isso só foi possível porque os Estados Unidos garantiram a segurança da Europa ocidental contra a ameaça soviética.

O problema é que hoje os velhos nacionalismos estão de volta, com a economia titubeando e os governos com imensas dificuldades em reduzir as desigualdades sociais e territoriais, em face da pressão popular. Sem falar do abandono da Europa por Donald Trump.

> O Ocidente, enquanto realidade geopolítica e enquanto expressão de um conjunto de valores universais, está mergulhado em profunda crise. E nada é mais perturbador e mais preocupante para o futuro da ordem internacional e das democracias, incluindo as europeias e o seu espaço de integração.

Essa constatação da professora portuguesa Teresa de Sousa, especialista em política europeia, confirma o que muitos veem como o risco de um brutal retrocesso nas relações internacionais.

Para ela, a eleição de Donald Trump e o Brexit são as duas faces mais evidentes e mais preocupantes dessa crise ocidental, pois mergulharam na indefinição os dois grandes países anglo-saxônicos que estiveram na base da nova ordem internacional criada depois da Segunda Guerra, assente no multilateralismo, na economia de mercado, na defesa dos direitos do indivíduo e na democracia liberal. A integração europeia foi um dos pilares fundamentais dessa ordem, tal como a aliança transatlântica.

A queda do muro de Berlim, a implosão da União Soviética e o fracasso histórico do comunismo não abalaram os seus pilares, ao contrário, deram-lhe mais força e mais legitimidade.

No entanto, a construção europeia não é irreversível. A Europa se fez e se desfez várias vezes, do Império Romano ao Império Austro-Húngaro, de Carlos Magno a Napoleão. Se isso acontecer novamente, será um acréscimo de desordem não apenas para os povos da Europa, mas para o mundo todo.

O sentido trágico da História

Raramente, no Velho Continente, houve uma tal falta de lideranças para enfrentar problemas cada vez mais complexos. Movimentos separatistas têm se multiplicado na Espanha, no Reino Unido, na Bélgica, na Itália. Os partidos populistas estão cada vez mais fortes, ocupando o poder na Polônia, na Hungria, na República Checa, na Itália e até nos países nórdicos.

Jacques Rupnik, professor de Ciência Política da Sciences Po, estudioso da crise da democracia liberal, acredita que estamos diante de um fenômeno de "balcanização do ocidente".

De Budapeste a Varsóvia, de Orbán a Salvini, dos *gilets jaunes* ao Brexit, para Jacques Rupnik a Europa reencontrou o sentido trágico da História. O mito da prosperidade acabou.

> Há a dupla Orbán-Kaczynski [o primeiro-ministro húngaro e o ex-presidente polaco] que reivindica abertamente a rejeição da democracia liberal, declarando-se ambos como os representantes do povo soberano, que se exprimiu, dando-lhes uma maioria que interpretam como um voto para ignorar os constrangimentos constitucionais. É um problema europeu na medida em que, quando rejeitam o Estado de Direito, isso tem implicações imediatas na União Europeia, que assenta justamente num prin-

cípio segundo o qual as regras são iguais para todos. Quando rejeitam a democracia liberal e o Estado de Direito, isso quer dizer que são eles que controlam a Justiça, que não existe separação de poderes. Representam o povo e a nação, que definem como uma realidade étnica: a nação dos húngaros; a nação dos polacos. "Eu, Orbán, sou o defensor da soberania da nação" face aos "invasores externos", que são os imigrantes, ou face às "intromissões" de Bruxelas, da União Europeia. A campanha eleitoral de Orbán foi feita com cartazes onde se lia "*Stop Bruxels*".

Orbán, Kaczynski e outros líderes europeus desse novo populismo não se consideram de extrema-direita. Respondem:

– Nós reclamamos os valores tradicionais e conservadores: a família, a nação, a Igreja. E ainda bem que o fazemos porque os conservadores europeus, aqueles que o deveriam fazer, abdicaram do seu papel. Os alemães da senhora Merkel adotaram o casamento *gay*, defendem o multiculturalismo, transformaram-se num partido centrista, deixaram de ser conservadores. Somos os defensores da Europa cristã, não apenas porque defendemos suas fronteiras, mas também porque defendemos seus valores nacionais conservadores.

Essa guinada para a direita autoritária, racista e antieuropeia acontece no momento em que há enormes desafios a serem enfrentados. O primeiro deles é como resolver a questão de dois milhões de refugiados sírios, afegãos, iraquianos, eritreus, sudaneses que tentam entrar na Europa para reconstruir, ou ao menos salvar, suas vidas. O segundo é o desemprego de massa, que tende a se agravar com a inteligência artificial. O terceiro, o terrorismo islâmico. Quarto desafio: a agressividade russa nas fronteiras orientais do bloco. Quinto: a ascensão da China. Sexto: a falta de confiança nos Estados Unidos de Trump. Sétimo: a ciberguerra. Oitavo: a transição energética. E por aí vai.

Tudo isso interpela e pede mais Europa, o fortalecimento do bloco, maior união política. Os partidos populistas, no entanto, propõem como solução menos Europa, o retorno ao Estado-nação, muros e mais muros.

Os bons tempos da Guerra Fria

Depois de mais de 60 milhões de mortos em dois conflitos mundiais – entre 1914 e 1945 – e apesar da Guerra Fria, a velha Europa conseguiu viver mais de 70 anos de paz e prosperidade. A integração europeia, baseada em economias abertas, no Estado de Direito e nos valores democráticos e republicanos, protegeu os europeus inclusive durante os piores momentos do confronto entre o mundo ocidental liberal e o império soviético comunista.

O pior é que talvez tenhamos de olhar para trás com uma pitada de saudosismo e confessar: bons tempos aqueles da Cortina de Ferro... Pelo menos as coisas eram claras.

Hoje, ninguém é capaz de assumir a liderança política da União Europeia. Macron foi pego num fogo cruzado entre a revolta dos "coletes amarelos" e os ataques dos extremos. Balançou. A transição política na Alemanha não ajuda nesse momento de encruzilhada existencial em que se acha a Europa. Sem o casal franco-alemão, quem salvará a União e, consequentemente, a paz no Velho Continente?

A Europa está afundando, não numa crise econômica, mas sim num abismo moral, social e político. Algumas de suas velhas assombrações estão de volta, dentre as quais a extrema-direita e a extrema-esquerda, com seus ranços nacionalistas, ambas antieuropeias.

Durante muito tempo surda às preocupações dos povos, a União Europeia se encontra agora desamparada frente aos novos desafios.

Se a Europa implodir, o sistema internacional como um todo, baseado em regras universais, respeito aos direitos humanos, solidariedade e liberdades fundamentais, irá junto para o buraco.

Alguns líderes europeus, como Angela Merkel (que está para abandonar o barco) e Emmanuel Macron, estão conscientes do risco. Resta saber se terão cacife para se impor. Alguns países "menores", como Portugal e Espanha, tentam servir de propulsores do motor franco-alemão, mas está difícil. Muitos europeus parecem hipnotizados, obnubilados pelas soluções simplistas, mentirosas, autoritárias e violentas de um passado não tão longínquo. O leste da Europa já sucumbiu. A Itália, país fundador do bloco europeu, terceira maior economia da zona do euro e membro da Aliança Atlântica, também se curvou ao populismo.

Matteo Salvini, líder da Liga, o partido de extrema-direita italiano, e ministro do Interior do primeiro governo populista do país, em coalizão com o Movimento Cinco Estrelas, conseguiu impor à sociedade sua visão: o imigrante (o outro, o estrangeiro) é o grande problema.

Suas teses são praticamente copiadas da cartilha de Marine Le Pen, seu programa se resume nas palavras de ordem trumpianas: "Os italianos primeiro", "A Itália para os italianos", vamos ganhar a batalha contra "a invasão dos imigrantes".

Salvini atiça os piores instintos.

Estaríamos assistindo à lepenização da Europa?

Ainda é cedo para saber para onde vai a Itália e qual será o impacto europeu do "laboratório italiano". Alguns autores acenam com a ameaça de "orbanização" do Velho Continente – do nome do primeiro-ministro húngaro Viktor Orbán – e o surgimento de uma internacional soberanista, organização que teve seu primeiro encontro em 2019.

A extrema-direita quer impor o retorno da plena soberania das nações e advoga o "nacionalismo europeu" contra o que considera ser o perigo da "islamização das sociedades".

Em 12 de setembro de 2018, pela primeira vez na história da construção europeia, o Parlamento de Estrasburgo aprovou um relatório sobre a ativação do artigo 7º do Tratado da União Europeia, que prevê, como sanção máxima, a suspensão dos direitos de voto de um Estado-membro.

Nesse caso, se tratava da instauração de um procedimento disciplinar à Hungria por violação grave dos valores europeus, em matérias como migrações e Estado de Direito.

Mesmo assim, nada mudou.

A União Europeia voltou a ameaçar a Polônia com as mesmas sanções, depois que Varsóvia adotou uma reforma do sistema judiciário que questiona a independência dos juízes.

No país, a liberdade de imprensa deixou de existir. Em três anos, entre 2015 e 2018, a Polônia perdeu quarenta posições no Índice Global de Liberdade de Imprensa da organização Repórteres Sem Fronteiras. O serviço público de comunicação transformou-se em propaganda do governo e os jornalistas enfrentam processos na justiça. Mesmo assim, ainda restam alguns poucos jornais independentes; na Hungria, nenhum.

A Europa é – e sempre foi – um continente de migrações. No que, aliás, não é diferente de outras regiões do planeta.

A história do mundo é uma história de migrações e querer fechar fronteiras é uma tentativa de contrariar a natureza humana, sobretudo em uma época em que a Europa envelhece e vive em déficit demográfico crônico, precisando do aporte de estrangeiros.

É evidente que a pressão migratória sobre a Europa atinge hoje grande dimensão e que não há espaço para acolher todos mantendo o equilíbrio econômico, social e político. É também verdade que a necessidade das populações de países pobres de partirem das suas terras poderia ser mais bem resolvida com políticas de apoio ao desenvolvimento. Afinal, ninguém abandona os seus quando tudo vai bem.

No entanto, aderir ao discurso demagógico de exclusão daquele que é diferente, do estrangeiro, não apenas é irrealista como também é um desrespeito à cultura do Velho Continente. Não faz jus à tradição do espírito humanista europeu, à tolerância democrática, aos direitos humanos.

> O amor que os profetas nos exortaram a oferecer aos estrangeiros é o mesmo amor revelado por Jean-Paul Sartre como sendo a mentira do Inferno. A famosa réplica de *Huis Clos*, "o Inferno são os outros", leva a crer que "os outros" são responsáveis pela transformação do mundo pessoal em inferno público. (Toni Morrison, *A origem dos outros*)

Quem defende valores de exclusão são cúmplices do autoritarismo antidemocrático.

Segundo o filósofo francês Bernard-Henri Lévy, há uma fadiga da democracia somada ao ódio das elites. Os Estados democráticos, diz ele, avançam, mas na direção errada, na direção do populismo, que os vienenses de pré-1914 chamavam de "apocalipse alegre".

Lévy compara o descrédito atual na democracia à situação reinante antes da Primeira Grande Guerra. Em uma entrevista ao canal de televisão France 2, em 2017, ele citou o romance *Os sonâmbulos*, de Hermann Broch, em que as pessoas avançam como sonâmbulas rumo à guerra de 1914. Hoje, segundo o filósofo, vivemos uma situação análoga. "Porque o sonambulismo, este clima de hipnose coletiva, esta maneira como as grandes democracias rumam para sua destruição, estas ameaças sobre a segurança coletiva criadas por Vladimir Putin e Donald Trump, isso tudo é muito novo e nos faz lembrar o clima às vésperas da Primeira Guerra."

A fratura que divide a Europa traduz essa crise profunda da democracia liberal. Em artigo publicado no jornal conservador *Le Figaro*, em 20 de setembro de 2018, o professor de Direito Constitucional da Universidade de Paris, Bertrand Mathieu, destacou a oposição crescente entre o Estado de Direito e a soberania popular:

> Durante muito tempo a democracia representativa constituiu um modelo que trouxe coesão social, paz e desenvolvimento dos direitos humanos. Hoje, não apenas os regimes autoritários exercem uma certa atração, como existe uma correlação entre o sentimento de perda da identidade e a falta de confiança na democracia. O abismo entre as elites e o povo é alimentado pela desconexão entre o voto e as decisões políticas tomadas pelos eleitos.

Para sair do impasse, o professor francês defende o desenvolvimento da democracia participativa com o uso do plebiscito, embora reconheça o perigo desse instrumento:

> Continuar a ignorar a revolta surda dos povos, privando-os da possibilidade de se expressar, é correr o risco de uma explosão, que ninguém é capaz de prever as peripécias nem as consequências. É assinar o óbito do modelo de democracia ocidental.

O movimento dos *gilets jaunes* (os coletes amarelos), que abalou a França no final de 2018 e fragilizou o presidente Emmanuel

Macron, teria sido o primeiro ato desta oposição entre as instituições democráticas e a soberania popular.

Nas eleições de 2019 para o Parlamento Europeu, a vitória dos antieuropeus ameaça paralisar a principal instância política do bloco.

Para vencer o nacionalismo é preciso reformar os sistemas políticos para os tornar mais participativos, garantir a regulação da globalização financeira e combater as desigualdades. Isso necessita de solidariedade social e fiscal na União Europeia, entre os cidadãos mais ricos e os demais.

Um tempo ao arrepio da História

Ao discursar durante as comemorações dos cem anos do fim da Primeira Guerra Mundial, em 11 de novembro de 2018, o presidente francês lembrou que estão de volta o nacionalismo e a recusa do multilateralismo, que enfraquecem as Nações Unidas e a União Europeia. "O acordar do nacionalismo polariza as sociedades europeias e põe em risco as liberdades."

A chanceler alemã, Angela Merkel, afirmou, em tom grave, que com o desaparecimento dos europeus que viveram a tragédia da Segunda Guerra Mundial, só agora saberemos de fato se aprendemos as "lições da História".

Em Paris, no Fórum da Paz, os 70 chefes de Estado presentes puderam visitar a exposição do pintor austríaco Egon Schiele retratando, como só o expressionismo foi capaz, a angústia do artista impotente perante o crescimento do ódio nacionalista que levaria à Grande Guerra.

Donald Trump, presidente da primeira potência mundial, se negou a participar do Fórum.

À entrada de 2019, a eurodeputada socialista Ana Gomes disse em alto e bom som o que muitos pensam em silêncio:

> Vivemos um tempo ao arrepio da História, em que o presidente dos EUA diz que a Nato é obsoleta, maldiz a UE, trata de obsequiar regimes autoritários e repressivos, põe em causa o acordo para

impedir o programa nuclear iraniano e anuncia uma repentina retirada de tropas da Síria e do Afeganistão, entregando aliados regionais. De que mais precisam os europeus para perceberem que o mundo está perigoso e finalmente passarem a prover a sua autonomia estratégica em segurança e defesa?

Entramos em uma era de grandes perigos, com a UE atacada por dentro – no Brexit, no ressurgimento de forças extremistas, nas traições a princípios e valores por governos que atacam o próprio Estado de Direito, em ofensivas contra migrantes e refugiados ou contra a independência da justiça e a liberdade de imprensa. E atacada de fora, num mundo desregulado e com um número cada vez maior de focos de tensão e conflito, semeados pelo desatino americano, pela agressividade da Rússia de Putin e pelo projeto hegemônico pezinhos-de-seda da China. Tudo piora se houver paralisia na UE, incapacitada por rivalidades internas entre Estados-membros. [...] Em 2019 continuará a UE a assobiar para o ar, em negação do perigo que dali à espreita?

LE DROIT DE VIVRE ENSEMBLE

Advogado criminalista, ex-secretário-geral da Federação Internacional dos Direitos Humanos, William Bourdon é uma voz importante na luta contra a tendência sorrateira, às vezes invisível, do "fenômeno de desumanização" que vivem as sociedades ocidentais. Para ele, pior do que os abusos e a violência é a passividade, a aceitação do horror. "É como se nos tivessem confiscado, a nós, seres humanos, a capacidade de indignação e resistência."

Em outras palavras, nossa época estaria nos privando de humanismo e a nossa resposta, ao invés da reação, é o silêncio, a transigência em relação aos princípios e aos valores fundamentais.

Recentemente, o advogado lançou uma campanha contra o abandono, pela sociedade e pelo Estado, das crianças francesas, filhos de casais que foram combater na Síria e no Iraque. Essas crianças desamparadas, rejeitadas, são repudiadas como se fossem "seres transgênicos, organismos geneticamente modificados, contaminados pelo vírus do terrorismo, condenadas à perpetuidade".

A indignação de William Bourdon me transporta para o Brasil, onde as crianças das comunidades, abandonadas no seu dia a dia, convivem com criminosos e traficantes, combatidos por uma polícia despreparada ou, ainda pior, corrupta e pronta para matar indiscriminadamente. Também são, muitas vezes, crianças negligenciadas pelo Estado. Qual a resposta que vamos dar? Acolher e proteger essas crianças ou reduzir a idade da maioridade penal para enviá-las o quanto antes à prisão?

Diante da ausência ou da falência das instituições, uma parcela de brasileiros considera que delinquentes juvenis merecem a morte. Aceita-se que uma vereadora da segunda maior cidade do país, legitimamente eleita, seja executada porque milita pelos direitos humanos, que um candidato à presidência da República possa dizer abertamente que é preciso matar 30 mil pessoas e que os policiais recebam sinal verde para atirar e matar sem qualquer advertência.

É a derrota da democracia e dos direitos humanos. São valores sobre os quais não deveríamos transigir, sob pena de nos transformarmos em bestas selvagens.

William Bourdon diz a mesma coisa de outra maneira: "abandonamos a parte de humanidade que fazia de nós seres humanos". Ele coloca o dedo na ferida ao denunciar a incapacidade de nos indignarmos diante do horror e de gritar um NÃO, alto e forte, frente ao insuportável.

Muitos preferem fingir que não veem, enquanto outros, radicais, replicam:

– Angelismo! Estamos em guerra e temos o direito de utilizar todos os meios para combater a barbárie.

É o discurso de certos políticos, que não hesitam em colocar lenha na fogueira, em atear fogo no circo com o objetivo de chegar ao Planalto, à Casa Branca, Downing Street ou ao Eliseu. Eles usam e abusam do medo como propaganda eleitoral, ocupados que estão com suas ambições mesquinhas.

No fundo, esse discurso tem por corolário tornar a sociedade refém da barbárie. Em face dessa ameaça, todo cuidado é pouco.

Não se deve, não se pode cair na armadilha do "inimigo absoluto", seja ele o terrorista, o migrante ou o criminoso, contra quem vale tudo. As generalizações acabam sempre em amálgamas perigosos.

Típico francês humanista, o advogado reivindica a herança do Iluminismo, o princípio de fraternidade, o direito de sermos tratados com dignidade e respeito.

É fundamental, ele alerta, que mais vozes, dezenas, centenas de milhões de vozes se levantem no Brasil, na França, no mundo, para salvar o que ainda nos resta de humanidade. É o único caminho que resta na defesa do direito e do dever de vivermos juntos. Mesmo porque não há outra saída. A não ser que nos tornemos todos misantropos como Alceste, o personagem de *Le Misanthrope*, de Molière, egoísta, narcísico, que odeia a humanidade.

THE MOVEMENT

O supremacista branco Steve Bannon, ex-estrategista político da Casa Branca, homem-orquestra de Donald Trump e *maître à penser* da *alt-right*, foi uma peça fundamental na trajetória de Jair Bolsonaro rumo ao Planalto. Esse grande admirador da doutrina do nacionalismo integral de Charles Maurras (antidemocrata, nacionalista, xenófobo e antissemita notório, fundador da Action Française) e da Ku Klux Klan foi o verdadeiro estrategista da campanha. Quando qualificado de nazifascista, Bannon não replica, sorri.

Integrante da campanha de Trump para a presidência, ele foi nomeado estrategista-chefe da Casa Branca em novembro de 2016.

Foi demitido em agosto do ano seguinte. Ligado ao movimento *alt-right* – com o qual se identificam nacionalistas brancos, grupos homofóbicos e anti-imigrantes –, ele havia se tornado uma presença incômoda na Casa Branca depois da marcha de grupos racistas e neonazistas em Charlottesville, na Virgínia, que terminou com uma morte em agosto de 2017.

Desde a sua saída do governo Trump, Bannon passou a incentivar políticos e partidos alinhados a seu ideário pelo mundo.

Em agosto de 2018, Eduardo Bolsonaro – então deputado federal pelo PSL de São Paulo, filho de Jair Bolsonaro – postou no Twitter uma foto ao lado de Bannon num hotel em Nova York.

O deputado disse então que seu pai e Bannon tinham a mesma visão de mundo, especialmente no combate ao "marxismo cultural". Segundo Eduardo, o estrategista estava entusiasmado com a campanha de Jair Bolsonaro à presidência e entrou em contato com a equipe do militar "para juntar forças".

Bannon se negou a integrar oficialmente a equipe de campanha, mas de maneira informal se transformou, de fato, num conselheiro de Bolsonaro e idealizador da propagação de *fake news* nas redes sociais, sobretudo via WhatsApp. Não ganhou um centavo por isso, pois vive do financiamento de grandes empresas multinacionais, de governos e de organismos que propagam as suas ideias.

Eduardo e Bannon encontraram-se inúmeras vezes desde então.

Brasil, ponta de lança do Movement

Dois meses antes da posse de 1° de janeiro, o estrategista citou o Brasil de Jair Bolsonaro como um dos países a integrar o grupo chamado The Movement, uma conjugação internacional de soberanistas, que vai do Rassemblement National do clã Le Pen ao Partido pela Liberdade holandês, do alemão Alternativa para a Alemanha ao Partido da Liberdade austríaco, do Partido pela Independência do Reino Unido à Liga italiana, do Fidez húngaro aos Democratas da Suécia, passando pela União Democrática suíça, pelo Vlaams Belang, pelo Verdadeiros Finlandeses, pelo espanhol Vox, pelo Likud israelense, e ainda personalidades nacionalistas de direita consideradas "menos radicais", como o indiano Narendra Modi, o italiano Matteo Salvini, o russo Vladimir Putin, o chinês Xi Jinping, o japonês Shinzo Abe, o turco Recep Erdogan, o saudita Mohammed bin Salman al-Saud, o filipino Rodrigo Duterte, o húngaro Viktor Orbán, o holandês Geert Wilders e, claro, o americano Donald Trump.

"Eu vejo o que está acontecendo no Brasil como parte desse movimento populista", comentou orgulhoso Steve Bannon após a vitória de seu pupilo.

O supremacista ficou particularmente satisfeito com a indicação de Ernesto Fraga Araújo para o Ministério das Relações Exteriores, um tipo raro de diplomata militante que fez campanha por Bolsonaro, admira Trump e abraça as ideias nacionalistas do Movement.

Araújo manteve durante anos o blog pessoal Metapolítica 17, no qual não se identificava como diplomata, mas como servidor público. O slogan do blog era "contra o globalismo", termo que, no jargão político dos Estados Unidos, é usado de forma pejorativa por detratores das instituições multilaterais, acusadas de interferir negativamente na soberania dos países. Para setores da direita americana, o globalismo tomou o lugar do inimigo, que no passado foi ocupado pelo internacionalismo socialista.

No blog, afirmava querer "ajudar o Brasil e o mundo a se libertarem da ideologia globalista", definida como "a globalização econômica que passou a ser pilotada pelo marxismo cultural". Põe no mesmo saco o "climatismo" e o "racialismo", dois conceitos que desembocam na negação do aquecimento climático e outros riscos ecológicos e no fechamento das fronteiras a imigrantes e refugiados.

> Essencialmente (a ideologia globalista) é um sistema anti-humano e anticristão. A fé em Cristo significa, hoje, lutar contra o globalismo, cujo objetivo último é romper a conexão entre Deus e o homem, tornando o homem escravo e Deus irrelevante. O projeto metapolítico significa, essencialmente, abrir-se para a presença de Deus na política e na história.

No segundo semestre de 2017, Araújo publicou em uma revista do centro de estudos do Itamaraty o ensaio "Trump e o Ocidente", que se tornou referência no círculo bolsonarista. Nele, afirma que o presidente americano, com quem está em perfeita sintonia, assumiu a missão de "resgatar a civilização ocidental, sua fé cristã e suas tradições nacionais forjadas pela cruz e pela espada" (símbolo da Santa Inquisição). Essa civilização, ele afirma, está sendo corroída pelo inimigo interno, por aqueles que esqueceram a própria identidade sob a influência do marxismo cultural globalista, cujo marco inicial seria a Revolução Francesa, anterior a Karl Marx.

O ensaio conclama o Brasil a integrar-se ao projeto Trump de recuperação da alma do Ocidente contra o marxismo cultural globalista, mais que uma ideologia, "um esquema de dominação global que visa substituir as culturas tradicionais por uma moral secular, cosmopolita e esquerdista".

Ao assumir o cargo de chanceler, manifestou admiração pela Itália, Hungria e Polônia, países governados pela extrema-direita populista; defendeu uma redescoberta do Brasil pelos brasileiros em contraposição ao que ele chama de globalismo, em detrimento da pátria. Exaltou a população a ler José de Alencar e menos o jornal *The New York Times*.

Ernesto Araújo deixou claro que está em total consonância com o presidente dos Estados Unidos.

Em setembro de 2018, no discurso que pronunciou na ONU, Donald Trump declarou "o fim da ideologia globalista" e deu as boas-vindas à "doutrina do patriotismo". Dedo em riste, acusou uma elite difusa, formada por organismos internacionais como a ONU e a União Europeia, por ONGs, pela China maoista, de controlar o globalismo, financiado por bilionários "esquerdistas" como George Soros.

Araújo defende a tese de que o nazismo é uma ideologia de esquerda. Teoria rejeitada por autoridades e historiadores alemães, mas que, mesmo assim, vem ganhando adeptos entre autores anti-globalistas como William Lind e Pat Buchanan.

O novo chanceler prometeu se empenhar para que o Brasil recupere o desejo de grandeza, como nação cristã, ecoando o lema bolsonarista "Brasil acima de tudo, Deus acima de todos".

Araújo indicou que a presença do Brasil no mundo deixará de ser orientada pela adesão aos regimes internacionais e a uma ordem global baseada em regras; é contra o politicamente correto.

A promessa do candidato Bolsonaro de desvincular a política externa da ideologia foi, portanto, abandonada. Um alinhamento foi substituído por outro.

Fica assim a certeza de que o Brasil irá aderir nos próximos anos, de corpo e alma, à extrema-direita populista mundial. O presidente, convidado de honra da primeira reunião internacional dos antiglobalistas, realizada na Hungria, foi representado pelo chanceler Ernesto Araújo, o "filhote" do guru boca-suja Olavo de Carvalho.

A respeito, o estrategista americano indicou Eduardo Bolsonaro como líder do Movement na América Latina.

Na linha de Steve Bannon, que encontrou em janeiro de 2019 Olavo de Carvalho, o guru de Bolsonaro, a política externa deverá ser um bastião dos valores conservadores do povo contra o "cosmopolitismo liberal das elites". Bannon pediu a Olavo de Carvalho que faça tudo para tirar Paulo Guedes do governo.

Em entrevista à agência de notícias *Bloomberg*, em 11 de outubro de 2018, Bannon explicou as suas ideias para a criação da união populista mundial, a Internacional fascista:

> Quando comecei a ser convidado para falar, depois que deixei a Casa Branca, na Suíça, na França, eu perguntava às pessoas sobre o que elas queriam que eu falasse. E todas as vezes havia algo similar: "Diga que não estamos sozinhos." E eu perguntava: "O que vocês querem dizer com 'não estamos sozinhos'?" Que há outros movimentos populares, que há outros movimentos nacionalistas. E eu respondia que há grupos no Parlamento Europeu. E eles respondiam que sim, mas que são agrupamentos políticos e que eles não compartilhavam das mesmas ideias no plano global. Nós estamos tentando ser o pilar fundamental do popular-nacionalismo do movimento de Trump. Eu tenho trabalhado com o *establishment* do Partido Republicano há nove anos, tentando transformar o Partido Republicano em algo mais voltado para a classe trabalhadora, como um partido trabalhista para os trabalhadores e a classe média. Mas nós vemos o mesmo anseio [também] no Brasil, no Paquistão, está começando na Argentina. Acho que vamos ver isso na Ásia, na Austrália.

Com sede em Bruxelas, The Movement foi fundado por Steve Bannon e Mischaël Modrikamen, líder do Partido Popular belga (de extrema-direita), em resposta à Open Society do megainvestidor George Soros. Seu objetivo em 2019 é formar o maior grupo no Parlamento Europeu com ao menos um terço dos 751 deputados e daí partir para a dominação política-ideológica do Velho Continente.

Segundo seus idealizadores, a nebulosa de extrema-direita está destinada a transformar a Europa, depois o mundo, no curto prazo. Bannon está convencido de que pode organizar esse movimento populista internacional dos povos contra as elites dominantes rapidamente, tornando-se seu guia e porta-voz.

Para tanto, o ex-redator-chefe do site conspiracionista *Breitbart News* conta com o apoio financeiro de um grupo de bilionários neoconservadores norte-americanos próximos de Trump e da ala direitista do Partido Republicano, no coração do qual está Robert Mercer, diretor do poderoso fundo de investimentos Renaissance Technologies. Com a ajuda da agência islamofóbica Harris Media, eles criaram várias campanhas de apoio aos partidos europeus de extrema-direita e espalharam *fake news* nas redes sociais dos países da União Europeia, denegrindo os governos "esquerdistas".

Ao se dirigir, no 16° Congresso do ex-Front National francês, rebatizado Rassemblement National, a parlamentares e militantes de extrema-direita, entre os nostálgicos neonazistas do patriarca fundador Jean-Marie Le Pen, os partidários da refundação proposta pela presidente do partido Marine Le Pen e os admiradores da "estrela ascendente", a jovem Marion Maréchal-Le Pen, o maquiavélico Bannon profetizou: "A história está do nosso lado. Vocês fazem parte de um movimento maior que a França, a Itália, a Polônia, a Hungria... os povos se levantaram para assumir o seu destino."

Marion Maréchal-Le Pen, neta do fundador do Front National, se prepara para se tornar a papisa do antiglobalismo. Em meados de 2018, ela inaugurou na cidade de Lyon o Institut de Sciences Sociales Économiques et Politiques (ISSEP), uma escola de pensamento voltada para o antiglobalismo, em total consonância com The Movement, contra o "marxismo cultural" abominado por Ernesto Araújo. Maréchal-Le Pen pretende formar aí os quadros do movimento destinado a se impor na Europa nos próximos anos. Seu projeto é supranacional, muito embora não descarte a possibilidade de disputar a presidência da França. Se possível já em 2022, descartando sua tia; o que parece difícil.

Após uma visita ao Reino Unido, para ajudar a salvar o Brexit, a jovem do clã Le Pen visitou Brasília, a convite de presidente brasileiro.

A morte do Iluminismo

Para os ultradireitistas, a nova tentação totalitária é o liberalismo, que tem o mesmo objetivo que o comunismo – dissolver a família, a nação e a religião.

Em síntese, os antiglobalistas agem em três frentes: contra o Estado de Direito, pela recuperação da nação étnica e o combate ao liberalismo societal.

Retorno do fundamentalismo religioso, desconfiança com relação aos avanços tecnológicos, aversão às verdades científicas, críticas aos movimentos de liberação, ao humanismo. Raramente as obsessões identitárias foram tão fortes, a conjuntura tão avessa aos ideais de progresso, racionalismo e universalidade. O conhecimento, o saber que eleva o indivíduo para além das crenças, passou de moda. As ciências provocam desconfiança.

É o antiglobalismo, que quer varrer do mapa o "marxismo cultural", que permeia o governo Bolsonaro e que desemboca no Movement de Bannon. Para os seus seguidores, o Iluminismo virou bucha de canhão.

A herança filosófica do século XVIII tornou-se obsoleta, *has been*, como diz o jornal *Le Monde*. Voltaire, Rousseau, Montesquieu, os enciclopedistas Diderot e D'Alembert, Kant, os fundadores da modernidade europeia, matriz intelectual da Revolução Francesa, agonizam, desdenhados, rejeitados, vilipendiados. Esses mesmos filósofos do Século das Luzes, que encarnaram a esperança de emancipação política frente ao absolutismo e ao direito divino, plantaram a semente da modernidade e da democracia liberal, defenderam o ideal de uma Europa da cultura, transcendendo fronteiras, são agora responsabilizados por todos os males.

Hoje, a própria ideia de progresso é contestada pelos movimentos antielites. É o tempo da revanche dos ultraconservadores em defesa de valores medievais; católicos integristas na França, evangélicos no Brasil, radicais islâmicos no Oriente Médio, judeus ortodoxos em Israel.

Até as descobertas mais evidentes da Medicina, ontem incontestáveis como as vacinas e os antibióticos, são refutadas nas redes sociais. Na França, o movimento contra a vacinação obrigatória denuncia a "ditadura médica" e acusa as autoridades sanitárias de cometerem "genocídio". Quase 20% da população nega-se a vacinar os filhos.

Os estudos do Giec – Painel Intergovernamental sobre Mudanças Climáticas – são jogados na fogueira do obscurantismo, contestados por "experts" como Donald Trump e Jair Bolsonaro.

A ciência é desmentida pelo fervor ideológico, como na afirmação da pastora e ministra brasileira da Mulher, Família e Direitos Humanos, Damares Alves, segundo a qual a perda de espaço da Igreja Evangélica na ciência se deu com a entrada da Teoria da Evolução nas escolas.

Os mitos do progresso e da igualdade do Iluminismo estão arruinados, anunciou o ideólogo de extrema-direita Patrick Buisson por ocasião do lançamento de seu livro *La Cause du peuple*.

A filosofia do iluminismo, podemos enterrar: morreu, assegurou o escritor Michel Houellebecq, autor do livro *Submissão*, anunciando assim a morte do Iluminismo: "A filosofia do século do Iluminismo não faz mais sentido para ninguém ou apenas para um punhado de pessoas... Ela só pode produzir vazio e desgraça."

O Iluminismo, ponto de partida do "marxismo cultural", é atacado de todos os lados pelo modismo da desconstrução, responsabilizado pelos males mais diversos, inclusive por ter deixado as sociedades ocidentais desarmadas em face do islamismo e do jihadismo.

Quem poderia imaginar que um dia Voltaire seria acusado de "colaboração" com o Estado Islâmico?

A par raríssimas exceções, humanismo e cosmopolitismo, valores tão caros aos filósofos do século XVIII, desapareceram do discurso político.

Emmanuel Macron, na noite de sua eleição, 7 de maio de 2017, em frente à pirâmide de vidro do Louvre, jurou fidelidade ao Espírito das Luzes e proclamou como objetivo a "autonomia do homem livre, consciente e crítico". Um ano e meio depois, seu governo balançou, fragilizado por um movimento antidemocrático, tido como espontâneo – dos coletes amarelos –, grandemente inspirado e manipulado pelos extremos, de direita e de esquerda.

A eleição de Macron já tinha sido uma manifestação de descontentamento generalizado contra a classe política. Os partidos franceses explodiram, os sindicatos desapareceram e o jovem presidente se viu de repente isolado.

A palavra de ordem do movimento dos coletes amarelos, que inicialmente visava ao aumento do poder aquisitivo da classe média baixa francesa, passou a ser a mudança das instituições, contra os políticos e as elites, a democracia representativa, a lei e a ordem. Tudo orquestrado via Facebook. *Gilets jaunes* foi o primeiro ato popular organizado através das redes sociais inspirado no antimarxismo cultural, soberanista, antiglobalização, contra o multilateralismo, os migrantes, adepto da violência, da teoria do complô, do politicamente incorreto e da democracia direta. Para os seus líderes, os representantes eleitos para o Executivo e Legislativo devem ter como única missão aplicar a vontade do povo em toda e qualquer ocasião, inclusive indo contra as regras que regem a vida em sociedade e o Estado de Direito. A Constituição pode ser rasgada ao bel-prazer das aspirações das Assembleias Populares.

O movimento dos coletes amarelos é um presente vindo do céu para os movimentos populistas, tão bem representados pelo clã Le Pen, Salvini, Orbán, Bannon, Bolsonaro.

O populismo no Facebook

Ao ser diplomado por Rosa Weber, presidente do Superior Tribunal Eleitoral, o presidente da República Jair Bolsonaro pronunciou um discurso que merece atenção: "O poder popular não precisa mais de intermediação. As novas tecnologias permitiram nova ligação direta entre o eleitor e seus representantes."

A frase surpreende e ameaça.

O que Bolsonaro disse é que privilegia as redes sociais em detrimento das instituições tradicionais da democracia liberal – Congresso, sindicatos, associações, ONGs, os chamados Corpos Intermediários.

Para o professor da Universidade de Coimbra, João Arriscado Nunes, esse trecho do discurso define o novo projeto populista – bem diferente do populismo "histórico" associado ao desenvolvimentismo das décadas de 1950 e 1960 – que desvaloriza as formas tornadas obsoletas pela tecnologia, de representação e participação democráticas, de organização dos cidadãos para a intervenção política, dos espaços de enfrentamento e de deliberação próprios do debate numa esfera pública democrática. "As instituições tradicionais como a Câmara dos Deputados, o Senado, os Conselhos deliberativos de políticas públicas, a imprensa livre, os sindicatos e outras formas de ação e organização coletiva dos cidadãos foram remetidos para um outro tempo, um passado que se deseja que não volte."

A bem da verdade, o processo eleitoral que levou Bolsonaro à presidência já foi uma ilustração da estratégia de conquista do poder pelo populismo autoritário: o candidato se negou a participar dos debates programados nas grandes cadeias de televisão, não apresentou um programa de governo, substituiu unilateralmente a discussão de propostas e de visão do mundo pela proliferação de *fake news* destinadas a reduzir os adversários à condição de inimigos do povo e do país, transformou a luta contra a corrupção numa cruzada moral.

A exemplo dos populistas de extrema-direita que pululam mundo afora, de Trump a Orbán, Bolsonaro foi eleito com o objetivo de governar sem o confronto típico da dinâmica democrática, ignorando a esfera pública e proclamando a obsolescência das "mediações" dos partidos políticos e instituições parlamentares, privilegiando a comunicação "vertical" entre eleitores e eleitos.

A manipulação dos coletes amarelos

O movimento dos coletes amarelos, na França, é a tradução social dessa verticalidade, que busca implodir a democracia liberal em favor da "democracia direta".

Os coletes amarelos começaram a se manifestar em novembro de 2018, em Paris e por todo o país, levando para as ruas reivindicações econômicas centradas na elevação do poder aquisitivo e na redução das desigualdades sociais. A palavra de ordem era Robin-Hoodiana: taxar os ricos para dar aos pobres. Após um mês de protestos e muita violência, em que morreram seis pessoas, Macron anunciou uma série de medidas, que, embora estivessem longe de satisfazer todas as reivindicações, favoreciam o poder aquisitivo da classe média baixa. Imediatamente, as principais palavras de ordem viraram políticas: dissolver a Assembleia Nacional, transformar os bancos em estabelecimentos populares participativos, introduzir o sistema proporcional (para favorecer os partidos extremistas) e transferir os poderes do Executivo e do Legislativo para o povo, através da instauração do RIC (Referendo de Iniciativa Cidadã), contra os "privilégios" do Estado. Caberia, assim, aos eleitores votar e propor todas as leis, inclusive mudanças constitucionais, que entrariam em vigor automaticamente. O Legislativo e o Executivo seriam meramente decorativos.

À frente dessa proposta encontramos Étienne Chouard, uma velha figura da esquerda alternativa, adepto da teoria do complô (acusou o Mossad de ser o responsável pelos atentados de 11 de setembro nos Estados Unidos), apoiador e amigo do agitador da extrema-direita Alain Soral, condenado inúmeras vezes por antissemitismo. Em um dos processos, em setembro de 2014, Chouard defendeu Soral na Justiça, apresentando-o como um "resistente" da luta contra os bancos e a mídia, na denúncia do "colonialismo guerreiro do sionismo".

Chouard reconhece que Soral não é um democrata, mas pouco importa. Embora jure ser contra todo tipo de racismo, não tem o menor escrúpulo em defender o amigo antissemita, pois para ele o combate prioritário é "contra os bancos e a imprensa" (repetindo assim a velha ladainha antissemita de que os judeus controlam o capital e os meios de comunicação).

A discriminação dos negros, das mulheres, dos árabes, dos judeus, dos homossexuais, dos migrantes fica em segundo plano.

Com esse discurso, Chouard se tornou o Olavo de Carvalho dos coletes amarelos e é visto como o homem que poderá vir a unificar o movimento, a ponte que unirá os extremos.

Num discurso anti-Macron, François Ruffin, deputado do partido radical de esquerda France Insoumise (França Insubmissa), citou publicamente o inspirador do RIC, cheio de admiração pelas ideias do guru. No fundo, pouco separa hoje Ruffin de Marine Le Pen, a porosidade entre extrema-direita e extrema-esquerda é quase total. Fato que se constata igualmente em outros países europeus onde coletes amarelos surgiram: Inglaterra, Alemanha, Bélgica.

Chouard, Soral, Le Pen, Ruffin, Melanchon defendem em uníssono o referendo de iniciativa cidadã, como um instrumento destinado a tirar o poder do ocupante do Elysée para entregá-lo ao "povo".

Se para alguns a ideia pode parecer sedutora à primeira vista, em nome da democracia direta, participativa, vários estudos demonstram (amplamente citados no livro de Yuval Noah Harari, *21 lições para o século 21*) que os eleitores votam em referendos com base em sentimentos e não de maneira racional, contra ou a favor de um texto ou de uma proposta. Assim, por exemplo, em maio de 2005, franceses e holandeses se pronunciaram em referendo contra a ratificação da Constituição europeia, um texto de 265 páginas que ninguém leu. Isso porque naquele momento queriam punir os seus dirigentes, o primeiro-ministro holandês Jan Peter Balkenende e o presidente francês Jacques Chirac.

François Mitterrand, em 1981, chegou a aventar a hipótese de organizar um referendo sobre o fim da pena de morte. Por influência de seu ministro da Justiça, Robert Badinter, desistiu. Aboliu com uma canetada a pena capital. Todas as pesquisas mostravam que os franceses votariam em peso pela sua manutenção. Contra todos os estudos sérios sobre a questão, tinham o sentimento de que a condenação à morte era um instrumento dissuasivo do crime.

O dispositivo de consulta popular só funciona na Suíça, um país pequeno, com um sistema político *sui generis*, baseado na rotatividade do poder, confederado, dividido em três regiões, com três línguas, diplomaticamente neutro, com um dos maiores índices de desenvolvimento humano e, mesmo assim, com uma participação nos referendos que gira em torno dos 20% dos eleitores.

Nos Estados Unidos, um verdadeiro sistema federativo, os eleitores também se manifestam a respeito de assuntos locais, como o consumo da maconha recreativa, paralelamente às eleições nacionais.

Na França, o RIC seria uma fabulosa ferramenta nas mãos dos populistas. Seus defensores sabem disso, defendem sua implantação para destruir a democracia liberal.

BRASIL ÀS AVESSAS

"Os novos ditadores nascem dentro da democracia e têm votos. Muitos votos. Cumprem uma das condições democráticas essenciais: são eleitos e mandatários da soberania popular expressa pelo voto. Mas não são democráticos, porque lhes falta o segundo requisito fundamental da democracia: o primado da lei. E, dentro do primado da lei, o respeito pelos procedimentos democráticos, pelos direitos humanos, pelas garantias, pelas liberdades. O facto de poderem mudar as leis para as compatibilizar com o seu poder autoritário não os faz menos ditadores, porque as novas leis já estão ao serviço do seu poder e não da democracia e da liberdade."

José Álvaro Machado Pacheco Pereira,
historiador, jornalista, cronista e político português

MAIS VALEM

Mais valem dezenas de pensamentos do presidente do Brasil, Jair Bolsonaro, eleito em 28 de outubro de 2018, que dez mil comentários sobre o personagem. Eles resumem o antiglobalismo versão verde-amarelo. Vale a pena relembrar para saber em que direção o país caminha.

Sobre violência, tortura e morte

"Eu sou favorável à tortura, tu sabe disso" (a um programa de TV, em 1999).

"O erro da ditadura foi torturar e não matar" (em entrevista no rádio, em junho de 2016).

"No período da ditadura, deviam ter fuzilado uns 30 mil, a começar pelo presidente Fernando Henrique, o que seria um grande ganho para a nação" (maio de 1999, declarações difundidas pela TV Bandeirantes).

"Pela memória do coronel Carlos Alberto Brilhante Ustra, o pavor de Dilma Rousseff" (na sessão da Câmara de abril de 2016, ao votar a favor do *impeachment* da presidente Dilma Rousseff, Bolsonaro dedicou seu voto ao coronel Brilhante Ustra, que na ditadura militar chefiou o DOI-CODI, serviço de inteligência e de repressão, acusado de ter cometido pelo menos seis assassinatos e praticado tortura).

"Vamos fuzilar a petralhada aqui do Acre" (em comício no dia 1º de setembro de 2018 em Rio Branco).

"Quando eu falo em pena de morte é que uma minoria de marginais aterroriza a maioria de pessoas decentes."

"O governo não precisa contratar ninguém para fuzilar, eu sou voluntário, de graça."

"Enquanto o Estado não tiver coragem de adotar a pena de morte, esses grupos de extermínio, no meu entender, são muito bem-vindos" (vale a pena lembrar as ligações da família Bolsonaro com as milícias do Rio de Janeiro).

"Quero que todos possam comprar seus fuzis."

"Nós temos que dar carta branca para o policial não morrer mais ainda (salvo-conduto para matar). Após uma operação, o policial tem que ser condecorado e não processado."

Sobre a escravidão

"O português nem pisava na África."

Questionado no programa *Roda Viva* sobre de que forma pretendia reparar a dívida histórica existente diante da escravidão, Bolsonaro respondeu: "Que dívida? Eu nunca escravizei ninguém na minha vida."

Sobre os pobres

"Defendo a pena de morte e o rígido controle de natalidade, porque vejo a violência e a miséria cada vez mais se espalhando neste país. Quem não tem condições de ter filhos não deve tê-los. É o que defendo, e não estou preocupado com votos para o futuro."

"Não adianta nem falar em educação porque a maioria do povo não está preparada para receber educação e não vai se educar. Só o controle da natalidade pode nos salvar do caos."

Ao defender a esterilização dos pobres, em 2011, Jair Bolsonaro disse: "Tem que dar meios para quem, lamentavelmente, é ignorante e não tem meios de controlar a sua prole. Porque nós aqui controlamos a nossa. O pessoal pobre não controla [a dele]."

Sobre laicidade

"Deus acima de tudo. Não tem essa historinha de Estado laico não. O Estado é cristão e a minoria que for contra, que se mude. As minorias têm que se curvar para as maiorias" (encontro na Paraíba, fevereiro de 2017).

"Deus acima de tudo" (discurso pronunciado dia 22 de janeiro de 2019, em Davos, na Suíça).

Sobre afrodescendentes

"Eu fui num quilombo em Eldorado Paulista. Olha, o afrodescendente mais leve lá pesava sete arrobas. Não fazem nada! Eu acho que nem para procriador ele serve mais. Mais de R$ 1 bilhão por ano é gasto com eles" (em palestra no Clube Hebraica do Rio de Janeiro, abril de 2017).

"Ô Preta, eu não vou discutir promiscuidade com quem quer que seja. Eu não corro esse risco porque meus filhos foram muito bem educados e não viveram em ambientes como lamentavelmente é o teu" (à cantora Preta Gil, quando questionado sobre o que faria se seu filho se apaixonasse por uma negra, em março de 2011. Depois, Bolsonaro argumentou que entendeu mal a pergunta e achou que era sobre uma possível relação homossexual de algum de seus filhos).

Sobre homossexualidade

"A sociedade brasileira não gosta de homossexual."

"Seria incapaz de amar um filho homossexual. Não vou dar uma de hipócrita aqui: prefiro que um filho meu morra num acidente do que apareça com um bigodudo por aí. Para mim ele vai ter morrido mesmo" (em uma entrevista à revista *Playboy* em junho de 2011).

"O filho começa a ficar assim meio gayzinho, leva um coro ele muda o comportamento dele. Tá certo? Já ouvi de alguns aqui, olha, ainda bem que levei umas palmadas, meu pai me ensinou a ser homem" (em programa da TV Câmara em novembro de 2010).

"Não vou combater nem discriminar, mas, se eu vir dois homens se beijando na rua, vou bater" (em entrevista sobre o ex-presidente FHC ter posado em foto com a bandeira gay e defendido a união civil, em maio de 2002).

"90% desses meninos adotados vão ser homossexuais e vão ser garotos de programa com toda certeza desse casal" (em vídeo reproduzido no programa de Danilo Gentili, sobre adoção por casais gays).

Sobre escola

"Quem ensina sexo é o papai e a mamãe e ponto-final."

"O estudante tem que estudar para ser um bom patrão, um bom empregado, e não conhecedor dessas besteiras, [como] ideologia de gênero."

"Quer ser feliz com outro homem, vá ser feliz. Quer ser feliz com outra mulher, vá ser feliz. Mas não fique perturbando isso nas escolas, obrigando a criançada a estudar uma besteira que não vai levar a lugar nenhum."

"Doutrinação tem que ser feita em igreja evangélica e nas Lojas Havan, tá ok? Faculdade não é lugar de pensamento crítico."

Sobre mulheres

"Eu tenho pena do empresário no Brasil, porque é uma desgraça você ser patrão no nosso país, com tantos direitos trabalhistas. Entre um homem e uma mulher jovem, o que o empresário pensa? "Poxa, essa mulher tá com aliança no dedo, daqui a pouco engravida, seis meses de licença-maternidade..." Bonito pra c..., pra c...! Quem que vai pagar a conta? O empregador. No final, ele abate no INSS, mas quebrou o ritmo de trabalho. Quando ela voltar, vai ter mais um mês de férias, ou seja, ela trabalhou cinco meses em um ano" (entrevista ao *Zero Hora*, em dezembro de 2014).

"Eu falei que não ia estuprar você [a então deputada Maria do Rosário] porque você não merece" (em discurso na Câmara, em 2003). Ao explicar a frase ao jornal *Zero Hora* em dezembro 2014: "Ela não merece [ser estuprada] porque ela é muito ruim, porque ela é muito feia, não faz meu gênero, jamais a estupraria. Eu não sou estuprador, mas, se fosse, não iria estuprar porque não merece."

"Fui com os meus três filhos, o outro foi também, foram quatro. Eu tenho o quinto também, o quinto eu dei uma fraquejada. Foram quatro homens, a quinta eu dei uma fraquejada e veio mulher" (palestra no Clube Hebraica, abril de 2017).

Sobre *bullying*

"Quando era pequeno não tinha essa história de *bullying*, o gordinho dava pancada em todo mundo, hoje o gordinho chora."

Sobre minorias

"Não tem que ter uma política específica para grupos vulneráveis."

"Tudo é coitadismo. Coitado do negro, coitada da mulher, coitado do gay, coitado do nordestino, coitado do piauiense. Vamos acabar com isso."

"Maioria é uma coisa e minoria é outra, e a minoria tem que se calar e se curvar à maioria. Eu quero respeitar é a maioria."

Sobre o tratamento que dará à oposição

"A faxina agora será muito mais ampla. Essa turma, se quiser ficar aqui, vai ter que se colocar sob a lei de todos nós. Ou vão pra fora ou vão para a cadeia. Esses marginais vermelhos serão banidos de nossa pátria."

"Essa pátria é nossa. Não é dessa gangue que tem uma bandeira vermelha."

"Queremos pôr um ponto-final nas escolinhas do MST. A bandeira que eles hasteiam não é a verde e amarela, é a vermelha com uma foice e um martelo. Lá eles não aprendem o Hino Nacional, eles aprendem a Internacional Socialista. Eles estão formando uma fábrica de guerrilheiros no Brasil."

"Petralhada, vão todos vocês pra ponta da praia. Vocês não terão mais vez em nossa pátria porque eu vou cortar todas as mordomias de vocês. Vocês não terão mais ONGs para saciar a fome de mortadela. Será uma limpeza nunca vista na história do Brasil" (a ponta da praia é uma referência à base da Marinha na Restinga da Marambaia, no Rio de Janeiro. Entre os militares da linha-dura, a ponta da praia designa o lugar clandestino para interrogatório com tortura e eventual morte durante a ditadura. Suspeita-se que o deputado Rubens Paiva, vítima da tortura, tenha sido enterrado ali. E que o corpo de Stuart Angel Jones tenha sido jogado de um helicóptero na área militar).

"Sabe por que as lideranças do MST e do MTST querem o fim da propriedade privada? Porque eles nunca trabalharam."

"Uma das primeiras medidas será um projeto para tipificar atos do Movimento dos Trabalhadores Rurais Sem Terra e do Movimento dos Trabalhadores Sem Teto como terrorismo."

Sobre a liberdade de imprensa

"Sem mentiras, sem *fake news*, sem *Folha de S.Paulo*. Nós ganharemos esta guerra. Queremos a imprensa livre, mas com responsabilidade. A *Folha de S.Paulo* é o maior *fake news* do Brasil. Vocês não terão mais verba publicitária do governo. Imprensa livre, parabéns; imprensa vendida, meus pêsames."

"A mamata da *Folha de S.Paulo* vai acabar, mas não é com censura, não! O dinheiro público que recebe para fazer ativismo político vai secar e, mais, com sua credibilidade no ralo com suas informações tendenciosas são menos sérias que uma revista de piada!"

Sobre migrantes

"Todo mundo sabe o que está acontecendo com a França. Está simplesmente insuportável viver em alguns locais da França. E a tendência é aumentar a intolerância. Os que foram para lá, o povo francês acolheu da melhor maneira possível. Mas vocês sabem da história dessa gente, né? Eles têm algo dentro de si que não abandonam as suas raízes e querem fazer valer a sua cultura, os seus direitos lá de trás e os seus privilégios... Parte da população, parte das Forças Armadas, parte das instituições começam a reclamar no tocante a isso. Nós não queremos isso para o Brasil."

* * *

Jair Bolsonaro prometeu governar o país dentro dos ditames democráticos e do que reza a Constituição. Impossível? Não, mas para tanto terá de vestir o "fato" de presidente, como dizem nossos amigos portugueses, e mudar radical e urgentemente.

O começo do governo mostrou que ele não está disposto a recuar na aplicação das ideias que sempre defendeu. Mesmo se em Davos o presidente desmentiu suas posições discriminatórias, afirmando nunca as ter pronunciado. O episódio do vídeo *golden shower*, postado no Carnaval de 2019, mostra que ele continua o mesmo e é incapaz de mudar. Prova de que tampouco se trata de um democrata, declarou em discurso pronunciado no Clube dos Fuzileiros Navais do Rio de Janeiro, dia 7 de março de 2019, que "democracia e liberdade só existem se as Forças Armadas quiserem".

O Brasil já não é uma democracia, vive sob uma "ditadura insidiosa". Bolsonaro governa em nome dos filhos e da Santíssima Trindade (*lobby* dos ruralistas, *lobby* das armas e *lobby* dos evangélicos), com o beneplácito das Forças Armadas.

FHC JOGOU A BIOGRAFIA NO LIXO

Fernando Henrique Cardoso apequenou-se. Aqueles que, como eu, esperavam que FHC assumisse imediatamente após o primeiro turno a liderança de uma frente democrática contra a extrema-direita se decepcionaram. Como tucano que é, preferiu ficar em cima do muro. O ex-presidente tinha uma chance de ouro de mostrar que era um verdadeiro estadista, capaz de pensar e de agir de acordo com os interesses da nação. Mas, ao contrário, se deixou levar pelo sentimento de vingança. Do alto de sua vaidade, não foi capaz de superar os ataques – muitas vezes injustos, é verdade – do PT e de Lula. Ele que transmitiu o cargo ao petista com uma dignidade nunca antes vista e foi vilipendiado no dia seguinte à posse com alusões à herança maldita. Mesmo assim, se fosse um estadista, teria deixado as mágoas de lado em nome da defesa maior da democracia.

Fernando Henrique Cardoso é um puro produto da intelectualidade social-democrata europeia. Foi professor na França, viveu maio de 1968, é aqui, em Paris, que costuma se refugiar. No entanto, parece não seguir o comportamento de seus pares. Quando o país está em perigo, ameaçado pelo extremismo, a única saída possível é a formação de um *front* republicano em torno do outro candidato. Nesse caso, a democracia é o bem a ser preservado. Por isso os europeus, incluindo alguns de seus velhos amigos, como o sociólogo Alain Touraine, não apenas não entenderam, como desaprovaram sua atitude de não apoiar Fernando Haddad no segundo turno da eleição presidencial de 2018.

Em 2002, o socialista Lionel Jospin, considerado favorito na corrida presidencial francesa, amargou o terceiro lugar no primeiro turno, ficando fora da reta final. Foi ultrapassado, por um punhado de votos, pelo candidato neofascista Jean-Marie Le Pen. Os políticos republicanos e o próprio Jospin não hesitaram em lançar um apelo aos seus eleitores para votar em Jacques Chirac, de centro-direita. Os socialistas e o resto da esquerda taparam o nariz e colocaram na urna a cédula com o nome do velho adversário. Chirac foi eleito com o apoio das forças democráticas – 82,21%.

O mesmo se repetiu em 2017, com o jovem Emmanuel Macron, eleito num segundo turno contra Marine Le Pen, a filha de Jean-Marie, graças à formação da frente republicana (à qual só o líder da extrema-esquerda populista, Jean-Luc Mélenchon, não aderiu).

A frente não é a solução, claro, mas é a única atitude digna diante do perigo, da ameaça aos valores democráticos.

Uma tomada de posição clara de Cardoso se impunha. Ele foi cúmplice da vitória de Jair Bolsonaro e mesmo se depois, em Paris, disse estar na oposição, manchou para sempre a sua biografia.

DE ANÃO DIPLOMÁTICO A PÁRIA

O leitor se lembra, sem dúvida, da frase do ministro israelense das Relações Exteriores de julho de 2014, que causou tanta indignação a ponto de mexer com os nossos brios patrióticos: "O Brasil é um anão diplomático." Verdade, porém, seja dita: nos anos que se seguiram, o nosso bem-amado Itamaraty não mudou uma vírgula de sua postura nanica. Pelo contrário, reforçou a primazia da ideologia sobre a diplomacia clássica, que outrora fez o nosso Ministério ser respeitado no mundo todo. Desse respeito sobraram apenas parcas migalhas.

Durante os anos petistas, nossa política externa foi desequilibrada. É o mínimo que se pode dizer. Exemplos:

> * As inúmeras notas emitidas por Brasília sobre o conflito em Gaza entre israelenses e palestinos não mencionaram uma única vez os mísseis lançados pelo Hamas contra Israel. O tom sempre foi anti-israelense, preferindo-se colocar sistematicamente no papel de vítima o movimento terrorista que, além de lançadores de foguetes, utilizava a própria população como escudos humanos.

> * Quando um avião comercial da Malásia caiu com quase 300 pessoas na fronteira da Ucrânia, atingido por um míssil, a então presidente Dilma Rousseff (em nome da solidariedade dos BRICS) inventou a tese de que o alvo político era o chefe do Estado russo, Vladimir Putin.
> Naquele mesmo momento, a comunidade internacional levantava sérias suspeitas (depois confirmadas) de que o líder do Kremlin estava por trás do ataque, treinando e armando os combatentes da região ucraniana da Crimeia. Mesmo assim, Brasília não denunciou os separatistas ucranianos apoiados por Moscou, responsáveis pelo ataque.

> * O governo brasileiro se aproximou de ditadores africanos, de líderes islâmicos radicais, apoiou a ditadura cubana na Comissão de Direitos Humanos da ONU, votou a favor da Líbia de

Kadhafi para a presidência dessa Comissão, tomou o partido de Hugo Chávez e depois de Maduro na Venezuela, abrigou em nossa embaixada em Honduras Manuel Zelaya, deposto constitucionalmente em seu país, intrometeu-se em questões internas do Paraguai, agindo contra o Congresso do país vizinho, protagonizou o episódio envolvendo o ex-senador boliviano Roger Molina, que permaneceu 454 dias ocupando uma sala de quatro metros quadrados na Embaixada do Brasil em La Paz, deu asilo a Cesare Battisti e o negou a esportistas cubanos que pediram asilo. Quando atiradores a mando de Nicolás Maduro mataram manifestantes nas ruas de Caracas, o Brasil silenciou. E quando Cristina Kirchner censurou a imprensa, fingiu que não viu.

* Lula se deixou ser usado ingenuamente pelo presidente iraniano Mahmoud Ahmadinejad, que ameaçava, perseguia, prendia e matava opositores.

* Lula ridicularizou-se ao comparar o conflito israelo-palestino às discussões internas do PT, que apesar de serem um saco de gatos, eram um pouco mais fáceis de lidar do que o conflito milenar do Oriente Médio. Foi à Israel e aos territórios palestinos ocupados e se deu mal.

* Dilma Rousseff utilizou a tribuna da ONU para defender o diálogo no combate ao terrorismo e condenar o uso da força pelos Estados Unidos contra o Estado Islâmico e Al-Qaeda. Pegou tão mal que depois ela pediu ao chanceler Luiz Alberto Figueiredo que explicasse o sentido de suas palavras, sinalizando que não disse o que realmente disse, ou pelo menos que não quis dizer exatamente aquilo que disse.

O desastroso desempenho da diplomacia brasileira não parou por aí. Com o ebola levando pânico ao mundo, o secretário-geral da ONU reclamou 20 bilhões de dólares para combater a epidemia nos países da África ocidental. O Brasil decidiu dar a sua contribuição: 1 milhão de reais, ou seja, por volta de 400 mil dólares na época, uma soma muito aquém dos outros BRICS – e de nossos vizinhos sul-americanos. Dinheiro prometido, mas não desembolsado, mais dezenas de toneladas de arroz e feijão e 14 kits de medicamentos. Com um porém: os alimentos não puderam ser enviados por falta de dinheiro para o transporte. Estragaram nos armazéns.

A ONU pediu esforço suplementar da então oitava economia do mundo. Brasília examinou a demanda e disse que só responderia favoravelmente se o material a ser enviado aos países atingidos fosse *made in Brazil*, para assim beneficiar a indústria nacional.

E Brasília teve a ousadia de reclamar um assento permanente no Conselho de Segurança das Nações Unidas!

Antes de voltar a reivindicar, o Brasil precisa deixar de ser um anão diplomático. O que aparentemente vai demorar muito.

Tempos depois...

O Brasil deixou de ser um anão diplomático...

O ex-ministro das Relações Exteriores dos governos Lula, Celso Amorim, declarou: "a confiança conquistada pelo país no cenário global é um trunfo que não pode ser desperdiçado". E que uma "boa diplomacia" é essencial para uma "boa política externa".

Teoricamente, Amorim tinha razão, mas na prática as suas palavras viraram letra morta. Os avanços obtidos pelas administrações FHC e Lula no campo internacional foram jogados no lixo desde que começou a campanha eleitoral de 2010.

Apesar de todos os erros que possam ser apontados, não se pode negar que Lula tinha uma política externa, ao contrário da sucessora por ele indicada. Dilma Rousseff foi avessa a tudo o que escapava às fronteiras estreitas da América bolivariana. Durante o primeiro mandato, a presidente mostrou que era alérgica às relações internacionais, à geopolítica.

O problema é que isso não lhe dava o direito de desprezar o fato de que o Brasil faz parte do mundo e que, em razão deste "detalhe", o país tem direitos e deveres.

Fernando Henrique e Lula sonharam com o ingresso no fechado grupo do Conselho de Segurança da ONU.

Dilma, ao contrário, abdicou e, pior, viramos caloteiros. Ao cortar o orçamento do Itamaraty pela metade, ela decretou a falência do Brasil no contexto internacional. Por não pagar as suas contribuições, o país perdeu o direito de voto na Agência Internacional de

Energia Atômica e no Tribunal Penal Internacional, organismo que institucionalizou o direito humanitário e o dever de intervenção, naquele que foi o maior avanço desde o fim da Guerra Fria.

O Brasil se tornou o segundo maior devedor da Unesco. Não pagou praticamente um tostão desde 2013. O principal devedor era então os Estados Unidos, mas não por falta de dinheiro e sim por opção política. Washington decidiu suspender suas contribuições desde que a entidade reconheceu a Palestina como membro.

No total, Brasília chegou a dever mais de 180 milhões de dólares às Nações Unidas.

Por causa do calote, o país também chegou a ser ameaçado de exclusão da OEA (Organização de Estados Americanos) e da Comissão Interamericana dos Direitos Humanos, que não viu a cor de um real durante cinco anos, apesar de ser o principal órgão de defesa dos direitos humanos na região.

Tudo isso sem falar do vexame que passaram nossas embaixadas e consulados, sem dinheiro para pagar contas de luz, telefone, água, sem papel para imprimir documentos. Alguns diplomatas foram obrigados a colocar dinheiro do próprio bolso para pagar grupos geradores e, assim, poder abrir as embaixadas algumas horas por dia.

Mesmo em crise, é bom lembrar que o Brasil era na época a oitava economia do mundo. Então, qual o problema? Falta de recursos? De interesse? De visão? De vontade? De política externa? De compreensão do mundo? Péssima administração do dinheiro e dos interesses públicos? Talvez todos esses fatores reunidos...

O país trocou Dilma por Temer, mas a célebre frase erroneamente atribuída ao general Charles de Gaulle, de que o Brasil não é um país sério, continuou atual, mais do que nunca. No exterior, não havia santo capaz de entender o *impeachment*.

Quem precisava marcar uma data no Consulado brasileiro em Paris para fazer uma simples procuração devia esperar entre três e cinco meses. Telefone? Só em caso de morte.

A triste conclusão a que se chega é de que o país, que já foi um anão diplomático, agora terá de subir alguns muitos degraus até chegar novamente ao *status* de gnomo.

Ernesto Fraga Araújo, ministro das Relações Exteriores de Jair Bolsonaro, pensa a política internacional como um exercício para se aproximar de Deus contra o marxismo cultural instaurado, segundo ele, pela Revolução Francesa. É o primeiro chanceler brasileiro a ser abertamente contra o multilateralismo e os acordos internacionais. É o protótipo do antiministro.

Não será, portanto, com Bolsonaro – cujo primeiro ato foi tirar o país do Pacto de Marrakech sobre a Migração, e que ameaçou sair dos Acordos de Paris sobre o clima e da própria ONU, comprando briga com a Europa; fala em transferir nossa embaixada em Israel para Jerusalém, contrariando o engajamento do país, em acabar com o Mercosul – que o Brasil será visto como a grande nação descrita por Araújo em seu blog Metapolítica 17.

O primeiro pronunciamento internacional de Jair Bolsonaro, no Fórum de Davos, de apenas sete minutos, foi muito mal recebido pelos participantes, que, em geral, o consideraram despreparado, genérico e superficial. Três citações foram particularmente criticadas: a defesa da família, a desideologização e as palavras de encerramento: "Deus acima de tudo". Ali na estação de esqui suíça, onde bate o coração da laicidade, comportou-se como um ideólogo cristão. Pior, lembrou o obscurantismo dos tempos da Segunda Guerra, quando reinava na Europa colaboracionista o *slogan* Trabalho, Família e Pátria.

Ao se ausentar da entrevista coletiva à mídia internacional, programada pelos organizadores do Fórum, por discordar do comportamento dos jornalistas, deixou claro seu autoritarismo. Deixou Klaus Schwab, presidente do evento, extremamente irritado. Foi a primeira vez que isso aconteceu desde sua fundação, em 1971.

Brasília corre, assim, o risco de se transformar em pária da comunidade internacional. Estamos caminhando nessa direção a passos largos.

A leitura dos jornais mais importantes do mundo democrático mostra que a visão segundo a qual o Brasil não é um país sério está ultrapassada. Deixamos de ser motivo de chacota, já não pulamos Carnaval, poucos olham para as sensuais mulatas seminuas, há muito deixamos de reinventar o futebol, nos transformamos em um país desconcertante, não o do futuro, que era estudado nas escolas

84 ∎ A Europa hipnotizada

francesas, mas o de um presente que causa espanto, desconfiança, incompreensão e medo. Até entre os investidores potenciais, que temem um conflito entre Jair Bolsonaro e Paulo Guedes.

O STF RASGOU A CONSTITUIÇÃO

Grande parte do que sou devo ao fato de ser um judeu laico e ateu, membro, portanto (apesar dos pesares), da religião do livro; o devo também à minha professora de Português do Dante Alighieri, Teresa Pujol, aos mestres da Faculdade de Direito do Largo de São Francisco – os irmãos Gofredo e Inácio da Silva Telles, Cesarino Júnior, Celso Lafer, discípulo de Hannah Arendt, o democrata Dalmo Dallari e o enciclopédico Moreira Alves –, além dos meus primeiros chefes nas redações da Jovem Pan e do *Jornal da Tarde*. Eles me ensinaram o respeito à palavra.

Não durmo sem passar a limpo as últimas notícias e a primeira coisa que faço ao acordar é ler os jornais – brasileiros e franceses. Conclusão: tenho sono agitado e, pela manhã, sinto-me frequentemente abalado. Mas não sei viver de outra maneira. Ler é parte obrigatória do meu cotidiano.

Esse mal-estar matinal esteve presente de maneira ainda mais aguda numa certa manhã de setembro de 2016, quando levantei com a sensação de que o Brasil tinha se tornado um imenso *souk*, aquele mercado que existe em países árabes, onde nada se compra sem que o preço seja longamente negociado. No *souk* tudo se negocia e sempre se chega a um arranjo que agrade, se possível a todos, senão ao menos a uma das partes.

Aqui, refiro-me ao modo como duas das três mais importantes instituições brasileiras – o Legislativo e o Judiciário – deram as costas aos textos sagrados da lei, rasgados ao bel-prazer dos "negociadores" travestidos em vendedores de tapetes, para, à luz do dia, encontrar a melhor maneira de salvar a pele de bandidos. O Brasil seguiu, ao vivo, os seus máximos magistrados, encarregados de julgar e punir os contraventores, negociando com os malfeitores a melhor forma de salvá-los.

Há tempos eu ousei imaginar que neste filme existiam mocinhos! Ledo engano.

Vamos às razões do desgosto: o Senado decidiu manter o seu presidente Renan Calheiros (o probo Renan!) no cargo, apesar da decisão do Supremo Tribunal Federal de afastá-lo. E o que fez a então presidente da Corte, Cármen Silva, e os demais ministrecos? Caçaram rapidinho a liminar que determinava a perda de mandato de Renan Calheiros para assim se adequar à posição do Legislativo (que pura e simplesmente se negara a aplicar a decisão da Justiça).

Uma aberração atrás da outra.

O Supremo Tribunal Federal, mais uma vez (pela primeira de forma colegiada), decidiu rasgar a Constituição, que deveria ser para os magistrados um livro sagrado, como a Torá para os judeus, o Alcorão para os muçulmanos, o Novo Testamento para os católicos. Eles, os juízes, deixaram a toga no vestiário para se transformar em contorcionistas de circo, capazes de criar formas inéditas e rocambolescas de interpretar um texto. Jacques Chirac, o ex-presidente francês, inventou uma palavra para descrever esse tipo de situação: "*Abracadabrantesque*"! Pra lá de extravagante! Um passe de mágica!

A verdade nua e crua é que o Supremo, instância máxima à qual todos devem se curvar, até o presidente da República, cedeu à chantagem do Congresso.

Prova de que a palavra, aquela que tanto prezo, não vale mais nada. Foi jogada no lixo. Os juízes e sua personagem máxima argumentaram ter agido de tal sorte para evitar o pior para o país. Isso é um escárnio! O papel da Justiça não é garantir a estabilidade política da nação e sim julgar de acordo com a lei, que em princípio é feita para ser cumprida. E mesmo que fosse diferente, essa pseudoestabilidade cheira a enxofre.

A decisão deixou claro que quem manda no país são os chantagistas amorais, com a anuência, cumplicidade ou participação direta dos três poderes.

Naquele dia, o Supremo destruiu o principal pilar da democracia: o Estado de Direito.

A respeito desse episódio, o comentário de Jânio de Freitas na *Folha de S.Paulo* disse quase tudo:

Aproveite: nenhum dos seus antepassados teve a oportunidade de testemunhar um nível de maluquice dos dirigentes nacionais como se vê agora. O passado produziu crises de todos os tipos. O presente, porém, não é, na sua originalidade, uma crise a mais. É um fenomenal desvario. Uma orgia dos poderes institucionais, tocada pela explosão de excitações da mediocridade e da leviandade brasilianas.

Jânio, a meu ver, só cometeu um desacerto. O Brasil da segunda década do século XXI não tem mais instituições, pelo menos nenhuma digna desse nome.

Após esse tapa na cara, ficou mais que evidente que o povo brasileiro está à mercê de pessoas inescrupulosas.

Adendo: em 16 de novembro de 2017, o senador já tinha sido condenado pela Justiça Federal de Brasília à perda do mandato e dos direitos políticos por oito anos, além de multa de R$ 246 mil por ter recebido propina da construtora Mendes Júnior. Apesar dos múltiplos pesares, Renan Calheiros se manteve na presidência do Senado, com a ressalva de ficar impedido de substituir Michel Temer na presidência da República.

Por "falta de provas", a Segunda Turma do Supremo Tribunal Federal decidiu, em 18 de setembro de 2018, absolver o senador Renan Calheiros em processo penal no qual ele era réu acusado do crime de peculato (desvio de dinheiro público).

Estão em andamento outros 13 processos.

Mesmo assim, Renan Calheiros foi reeleito ao cargo de senador por Alagoas nas eleições de outubro de 2018. Ganhou assim o direito de voltar a disputar a presidência do Senado. Candidatura abandonada após perceber que não teria votos suficientes para vencer.

MORO, O FALSO DI PIETRO BRASILEIRO

O juiz Sergio Moro nunca escondeu ter se inspirado na famosa Operação *Mani Pulite*, na Itália dos anos 1990, para conduzir a Lava Jato, que revelou o maior esquema de corrupção da nossa história. Há 25 anos, o herói do combate aos crimes cometidos por políticos e empresários da península era um promotor chamado Antonio Di Pietro.

Durante a Operação Mãos Limpas, 2.993 mandados de prisão foram expedidos; 6.059 pessoas estiveram sob investigação, incluindo 872 empresários, 1.978 políticos municipais e 438 parlamentares, 4 dos quais haviam sido primeiros-ministros (o sistema político italiano é parlamentarista).

A operação mostrou que a vida política e administrativa da Itália estava mergulhada na corrupção, com o pagamento de propina para concessão de todos os contratos do governo. Sem exceção. Essa situação tinha até apelido: *Tangentopoli*, cidade do suborno.

As semelhanças entre *Mani Pulite* e Lava Jato, entre Moro e Di Pietro, são evidentes. Mas as similitudes vão além do mero combate à corrupção. Os magistrados italianos foram denunciados pelos corruptores e corrompidos como sendo os responsáveis de todos os males, numa tentativa (bem-sucedida na Itália) de deslegitimar os juízes, impedindo-os de continuar seu combate. Foram acusados de terem realizado prisões ilegais, de trabalharem para a CIA, provocado suicídios de pessoas (honestas) presas, de terem levado à destruição os partidos políticos e até de envolvimento em atividades ilícitas.

Anos depois, todas as acusações a Di Pietro foram julgadas infundadas. Tarde demais. *Mani Pulite* já tinha se transformado em mera lembrança.

Assistimos no Brasil à mesmíssima estratégia por parte daqueles que foram encurralados contra as cordas. Moro foi chamado de golpista, de gângster, de ditador, acusado até de "atentar contra a soberania nacional", o que seria o suprassumo da idiotice se não o tivessem responsabilizado até pela crise econômica.

Moro e sua equipe cometeram erros nesses três anos de atuação? Mais que provável. Juristas ilustres disseram que sim, outros, tão ilustres quanto os primeiros, afirmaram o contrário. Mas não se podem negar as tentativas, inúmeras e de todo o espectro político, de abafar a Lava Jato. Em nome do interesse de todos... os políticos corruptos.

Lula chegou a chamar os juízes indicados por ele de covardes e mal-agradecidos e, comparando-se ao general Vo Nguyen Giap, comandante do Exército do Povo do Vietnã, declarou "guerra" aos investigadores da Operação Lava Jato. Já adivinhava, sem dúvida, que mais dia menos dia acabaria atrás das grades.

Di Pietro nunca foi o problema.

Ao declarar solidariedade ao colega brasileiro, o promotor italiano lamentou que, como aconteceu em seu país, também no Brasil muitos tentassem culpar o julgador, esquecendo-se de condenar os crimes e seus autores."

Ouviu-se de políticos de todas as tendências críticas surreais à Lava Jato: "Se as investigações forem até o fim, não sobrará mais ninguém, o edifício vai ruir; será uma situação de vazio de poder extremamente perigosa."

A mesma crítica foi feita à *Mani Pulite*, acusada de ter provocado a ascensão de Silvio Berlusconi. Antonio Di Pietro deu a resposta mais simples e óbvia: "Berlusconi chegou ao poder por culpa dos políticos corruptos e dos empresários cúmplices, e não por culpa dos juízes que os processaram."

O mais incrível é que esta obviedade ainda deva ser dita e redita.

Mãos Limpas mostrou à opinião pública que a democracia italiana estava doente. Alguém ousa duvidar que a brasileira também esteja?

Quem devemos combater? O vírus que provoca a doença ou o remédio que tenta extirpar o mal?

O Brasil hesita, embora a preferência de muitos políticos seja clara: combater o remédio, ou seja, a Lava Jato, para salvar a própria pele.

A diferença entre Moro e Di Pietro? Como muitos, quis acreditar inocentemente que não havia. Enganei-me. O juiz brasileiro, ao contrário do italiano, optou por misturar justiça com política.

Começou por levantar o sigilo e divulgar áudios de conversas privadas do ex-presidente Lula com a então presidente da República, Dilma Rousseff. O próprio Moro pediu desculpas ao Supremo Tribunal Federal e admitiu que pode ter "se equivocado em seu entendimento jurídico".

Seis dias antes do primeiro turno da eleição presidencial de 7 de outubro de 2018, voltou a violar de forma flagrante a neutralidade da Justiça ao dar publicidade à delação do ex-ministro da Fazenda e tesoureiro da campanha de Dilma Rousseff, Antonio Palocci. O depoimento havia sido tomado em abril. O juiz podia, portanto, ter esperado o fim do processo eleitoral, mas decidiu divulgar a delação com o objetivo claro de prejudicar o candidato petista e ajudar seu adversário da extrema-direita Jair Bolsonaro. Palocci teria dito que de cada R$ 5 gastos nas campanhas, R$ 4 vinham de propinas e que a candidatura de Dilma Rousseff recebeu por volta de R$ 400 milhões de forma ilícita.

Moro, que havia jurado de pés juntos que nunca deixaria a magistratura pela política, finalmente mergulhou de cabeça na arena política ao aceitar o Ministério da Justiça e da Segurança Pública do novo governo. Cargo que, segundo ele, é apenas "técnico" e não "político". Sem papas na língua, o general Mourão, vice-presidente da República, confessou que o então juiz encarregado da Lava Jato negociou o seu apoio durante a campanha eleitoral diretamente com Jair Bolsonaro. Em bom português, a publicação da denúncia de Antonio Palocci foi um toma lá, dá cá.

O Conselho Nacional de Justiça (CNJ) pediu informações a Moro por suposta atividade político-partidária. Ele respondeu saindo pela tangente; antecipou o pedido de exoneração do cargo de juiz federal, prejudicando, assim, o andamento da demanda de informações do CNJ.

Esse episódio poderia ser engraçado, se não fosse trágico.

Os principais jornais internacionais de países democráticos consideraram sua nomeação uma vergonha, sob o argumento de que foi em grande parte graças à atuação do juiz no processo de Lula que Bolsonaro foi eleito.

O historiador da universidade Luiss Guido Carli, de Roma, Giovanni Orsina, maior especialista italiano da Operação Mãos Limpas, ao comentar a indicação de Sergio Moro para a pasta da Justiça, declarou: "Juízes e procuradores de casos como a Lava Jato tendem a entrar na política, e isso é tão normal quanto desastroso para a democracia."

Ao contrário de seu colega italiano, Sergio Moro apequenou-se e mostrou que não foi isento, logo, que não era – nem nunca será – um magistrado digno desse nome. À frente da Lava Jato, privilegiou os seus em detrimento dos outros. Fez política partidária na magistratura.

Giovanni Orsina opinou:

> Uma vez que uma iniciativa judicial destrói uma carreira política (no caso a de Lula), mudando radicalmente os termos da disputa eleitoral, ela adquire um caráter político objetivo. O procurador ou juiz responsável por isso vira um ator político independentemente da sua vontade.

Plagiando o filme de Elio Petri, de 1970, com Gian Maria Volonté e Florinda Bolkan, Oscar de melhor filme estrangeiro, representantes da lei têm de ser "cidadãos acima de qualquer suspeita".

Equilíbrio precário

Isso dito, é preciso reconhecer que o ativismo judicial é um sintoma da crise das instituições, não a causa.

Como lembra Alfredo Valadão, professor do Instituto de Estudos Políticos de Paris, em um artigo publicado no site da Rádio France Internationale, "Nada mais perigoso do que um Judiciário que não respeita escrupulosamente os ditames constitucionais, os procedimentos judiciais e a presunção de inocência. Processar e condenar políticos corruptos é dever dos juízes e procuradores. Sair caçando poderosos a qualquer preço, driblando os procedimentos legais, pode até agradar a opinião pública, mas enfraquece a legitimidade do Poder Judiciário. Uma situação perigosa que abre caminho para a manipulação do Judiciário pelos políticos corruptos ou suspeitos, e também por aventureiros autoritários que querem chegar ao poder".

Ao escrever o artigo, o professor antecipava o que viria a ocorrer no Brasil.

O mundo atravessa um momento de equilíbrio precário.

A ex-presidente da Coreia do Sul foi condenada a 24 anos de prisão por corrupção. O sul-africano Jacob Zuma foi indiciado e obrigado a renunciar à presidência após ter sido acusado de agressões sexuais e envolvimento em escândalos de corrupção. O presidente peruano foi destituído e seu predecessor colocado em prisão preventiva, ambos na esteira das propinas da empreiteira Odebrecht. Benjamin Netanyahu, chefe do governo israelense, também está na alça de mira dos juízes, investigado por corrupção. Seu antecessor, Ehud Olmert, foi preso por confundir dinheiro público e privado; o ex-presidente de Israel, Moshe Katsav, passou cinco anos atrás das grades por abuso sexual. O Partido Popular e o próprio ex-primeiro-ministro espanhol, Mariano Rajoy, afundaram num mar de lama. O ex-chefe do governo português, José Sócrates, condenado por corrupção, amargou quase um ano de detenção, antes de obter o benefício da prisão domiciliar. Na França, o ex-presidente Nicolas Sarkozy foi indiciado por corrupção passiva pelo financiamento de sua campanha eleitoral com fundos ilícitos, originários da Líbia do coronel Kadhafi. O megaempresário francês, Vincent Bolloré, foi detido por suspeita de corrupção envolvendo autoridades do Togo e da Guiné. Lula foi condenado em segunda instância a 12 anos de prisão.

São apenas alguns dentre os muitos exemplos de que os todo-poderosos de ontem começam a responder por seus crimes e delitos e que há uma saturação popular. O lado negativo, porém, é que os cidadãos tendem a reagir virando as costas para a democracia, abraçando o autoritarismo. O exemplo brasileiro é inequívoco.

Mani Pulite morreu, deixando o pervertido Silvio Berlusconi, Il Cavalieri, como herdeiro. Anos depois, a Itália se curvou a um governo populista de coloração fascista, liderado por Matteo Salvini e Luigi Di Maio. Amanhã poderá ser a vez da morte da Lava Jato. O que virá então? Ao contrário dos italianos, os brasileiros preferiram ganhar tempo, queimar etapas e eleger logo o extremista Jair Bolsonaro, sem passar pela casa intermediária.

O ERRO DE LULA, SEGUNDO SEU "IRMÃO"

Lula se corrompeu ou se deixou corromper. Na melhor das hipóteses, tolerou a corrupção, um mal que, verdade seja dita, corrói o Brasil desde tempos imemoriais. Mas esse talvez não seja seu maior erro. Com certeza não foi o único.

Apesar de ter contado com seis anos de uma conjuntura internacional extremamente favorável, com a China pagando *commodities* a preço de ouro e com o pleno apoio da sociedade civil (inclusive da própria "imprensa PIG", ao menos até as denúncias do mensalão), Lula não fez nenhuma reforma estrutural: fiscal, previdenciária, agrária ou política. Tinha cacife para fazê-lo, mas preferiu usar o dinheiro, que entrava de roldão, no jogo eleitoreiro e patrocinar um hipotético e oco "Brasil grande", utilizando os bancos públicos como instrumentos privilegiados. Ao discursar na Sciences Po de Paris, após receber o título de Doutor Honoris Causa do Instituto de Estudos Políticos, Lula contou às gargalhadas que certo dia, em plena crise de 2009, ligou para Obama e perguntou:

– Barack, você tem quantos bancos para tirar o país do buraco?

– Nenhum – teria respondido o presidente americano.

– Pois é, eu tenho vários. – E citou BNDES, Caixa Econômica, Banco do Brasil. – Por isso é que aqui [no Brasil] está tudo ma-ra-vi-lho-so.

Dessa maneira ele, Lula, teria salvado o país da "marolinha"... Jurou que o Brasil, graças a ele e aos bancos públicos, superaria a França rapidamente como quinta maior economia mundial, atrás apenas dos Estados Unidos, da China, do Japão e da Alemanha.

Na época, Lula estava determinado a seguir a cartilha de seu guru José Dirceu, cujo projeto consistia em permanecer no poder durante décadas.

Mas houve quem acreditasse (milhões de pessoas) nas boas intenções do presidente, sobretudo entre os seus amigos mais próximos, como Frei Betto, seu "irmão".

Para o dominicano, o primeiro grande erro foi a substituição do Fome Zero, um programa emancipador, pelo Bolsa Família, um programa compensatório. Ao contrário do Fome Zero, o dinheiro do Bolsa Família passou a ser distribuído pelos prefeitos que, como se sabe, têm o hábito de pensar mais na reeleição que no bem-estar dos seus administrados.

Frei Betto, por quem não tenho qualquer simpatia (o que é recíproco), considera que o PT fez "populismo cosmético". Foram as suas palavras em uma entrevista à revista *Cult*:

> O erro do Lula foi ter facilitado o acesso do povo a bens pessoais, e não a bens sociais – o contrário do que fez a Europa no começo do século XX, que primeiro deu acesso a educação, moradia, transporte e saúde, para só então as pessoas chegarem aos bens pessoais. No Brasil, não. Você vai a uma favela e as pessoas têm TV tela plana com canais por satélite, fogão, geladeira, micro-ondas (graças à desoneração da linha branca), celular, computador e até um carrinho no pé do morro, mas estão morando na favela, não têm saneamento básico, água nem educação de qualidade. É um governo que fez inclusão econômica na base do consumismo e não inclusão política. As pessoas estavam consumindo, o dinheiro rolando e a inflação sob controle, mas não se criou sustentabilidade para isso.

Em outras palavras, Lula se preocupou com o que garantiria a ele e ao PT, através de sua incompetente marionete Dilma Rousseff (que acabou pagando o pato), a perpetuação no poder.

Só que a festa acabou, o edifício ruiu e chegou a hora de pagar a conta, pra lá de salgada.

Frei Betto não pode ser chamado de "coxinha" nem de fascista. Sempre foi – e continua sendo – de esquerda.

A classe média baixa – talvez até mesmo os pobres – sentiu o gostinho de viajar de avião, em contrapartida, continuou a gastar quatro horas diárias no transporte público, não ganhou o direito à escola digna desse nome, nem transporte, saúde, habitação, esgoto, segurança.

Lula pegou o problema às avessas, fazendo o contrário do que foi feito na Europa. E como sua política não era sustentável, com Temer voltamos à situação anterior. Em julho de 2018, o Brasil contava 52 milhões de pessoas na linha da pobreza extrema.

Não estou entre aqueles que se felicitaram com sua prisão. Ao contrário, vê-lo assim me entristeceu, não tanto por ele, mas porque um ex-presidente hiperpopular na cadeia é sinal de que o país vai muito, muito mal. Triste também fiquei pelos milhões de miseráveis, pela multidão de desvalidos que acreditaram e sonharam com dias melhores. Estes mereciam outra sorte.

Agora, com Jair Bolsonaro no Planalto, a certeza é de que o pior está por vir: os pobres serão, uma vez mais, as principais vítimas do conservadorismo retrógrado que tomou conta do país.

Se o Brasil elegeu um populista de extrema-direita foi, em parte, responsabilidade de Lula.

Primeiro, por não ter renunciado às inúmeras tentativas de ser candidato, multiplicando recursos junto aos tribunais, mesmo sabendo que não teria sucesso. O candidato substituto perdeu um tempo precioso na corrida ao Planalto.

Segundo, por ter dividido o país entre nós contra eles, acreditando no velho adágio de "dividir para reinar". Assim, abriu uma autoestrada ao antipetismo.

Terceiro, pelos erros na condução econômica de sua sucessora Dilma Rousseff e por ter avalizado sua candidatura à reeleição. Tivesse sido ele candidato em 2014, provavelmente não estaríamos hoje lamentando a tomada do poder pelos antiglobalistas.

Quarto, por ter boicotado a candidatura petista de Fernando Haddad, a seu ver um "petista com cara de tucano". No primeiro turno, o ex-prefeito de São Paulo foi obrigado a rezar pela cartilha lulista e pedir a sua benção em constantes visitas à prisão da Polícia Federal em Curitiba, contrariando o eleitorado não petista disposto a mesmo assim votar contra Bolsonaro. Depois, ao se liberar do "patrão", Haddad teve de lidar com o sibilino José Dirceu, para quem o importante não era a eleição, já que, de qualquer maneira, o PT acabaria por "tomar o poder", como declarou em entrevista. Para coroar, quando todos esperavam uma autocrítica em regra do petismo para tentar inverter a situação eleitoral, Lula escreveu uma carta para defender a herança.

> Tenho muito orgulho do legado que deixamos para o país, especialmente do compromisso com a democracia. Nosso partido nasceu na resistência à ditadura e na luta pela redemocratização do país, que tanto sacrifício, tanto sangue e tantas vidas nos custou.

O ex-presidente voltou a se dizer alvo de perseguição política, o que teria impedido sua presença na disputa. "Todos sabem que fui condenado injustamente, num processo arbitrário e sem provas, porque seria eleito presidente do Brasil no primeiro turno", escreveu, argumentando que Haddad substituí-lo como candidato foi uma demonstração de resistência. Assim, rebaixou o candidato à condição de simples resistente e fez o inverso da autocrítica que eleitores democratas esperavam para se decidir por Haddad.

Lula talvez tenha sido condenado arbitrariamente, mas não era hora de puxar o tapete do candidato petista.

DE *CHARLIE* A ARAFAT

"Um homem pode ser destruído, mas não derrotado."
Ernest Hemingway, O velho e o mar

FLOR QUE SE CHEIRE

Na quinta-feira, 18 de fevereiro de 2015, acordei burro. E me senti orgulhoso de assim sê-lo.

Fiquei louco? Acho que ainda não. Simplesmente, insisto em preservar alguns valores fundamentais e não dou meu aval à teoria de que os fins justificam necessariamente os meios.

Quem me chamou de burro foi Fran Sérgio, o "diretor-artístico" da campeoníssima escola de samba Beija-Flor, ao comentar o resultado do Carnaval do Rio de Janeiro. Mas verdade seja dita: ele não me insultou na lata, em *tête-à-tête*. Não, disse apenas que "quem se incomoda com patrocínio é burro". E eu, de livre e espontânea vontade, vesti a carapuça, me incluindo no rol dos asnos.

O presidente da escola, Farid Abraão, negou que o governo da Guiné Equatorial tenha investido R$ 10 milhões no desfile, mas admitiu ter recebido uma "contribuição", sem informar o valor.

Como se a quantidade de dinheiro fizesse diferença! Escolher como tema de desfile, em forma de homenagem, o país que tem a ditadura mais longeva da África e receber dinheiro de ditadores sanguinários não é pouca coisa!

Do alto da sua sabedoria, o carnavalesco lembrou que Teodoro Obiang Mangue, filho do ditador Teodoro Obiang Nguema Mbasogo, é um fã de longa data da escola, que foi duas vezes convidada a desfilar, em 2013, na Guiné Equatorial. Para a felicidade da população, penso eu.

Na Guiné Equatorial, 70% das pessoas ganham menos de 1 dólar por dia, quase metade não tem água potável, 40% das crianças sofrem de desnutrição. É o 16° país do mundo em índice de mortalidade infantil (90 por mil) e o 179° (de um total de 193) em esperança de vida. Graças à produção de petróleo, a Guiné Equatorial tem o maior PIB *per capita* do continente africano – 22 mil dólares –, mas ocupa a 144ª posição entre 187 países no *ranking* do Índice de Desenvolvimento Humano da ONU.

Em bom português, ali se morre de fome enquanto o seu presidente (há 35 anos no poder) é o sétimo mais rico do planeta.

Em 2013, a Justiça francesa mandou prender Teodorín, como é chamado "carinhosamente" o filho do ditador e seu virtual sucessor, por corrupção e lavagem de dinheiro. A polícia descobriu no n° 42 da avenue Foch, um dos locais de maior prestígio de Paris, uma verdadeira caverna de Ali Babá: uma mansão de 6 andares (avaliada em 110 milhões de euros), de mais de 5 mil metros quadrados, com 101 ambientes, dentre os quais uma discoteca, torneiras de ouro, móveis no valor de mais de 50 milhões de dólares, centenas de obras assinadas pelos maiores nomes da história da arte, um serviço à caviar no valor de 72 mil euros, 20 ternos e outros modelitos Yves Saint Laurent, comprados em leilão por 18,3 milhões de euros, uma coleção de 15 carros na garagem: 7 Ferraris, além de Bentleys, Maseratis, Maybachs, Porsches, Mercedes e Rolls-Royce.

Além da condenação na França, o clã Obiang está sendo processado em outros países europeus e nos Estados Unidos. Mas até meados de 2018 circulava tranquilamente no Brasil, onde possui vários imóveis num valor estimado em centenas de milhões de dólares. Teodorín é suspeito de lavar dinheiro no Brasil.

Em 2013, quando o vice-presidente do país africano passava o Carnaval no Rio de Janeiro (como faz todos os anos, entre Rio e Salvador), a França pediu sua prisão e extradição, com base na lista vermelha de pessoas procuradas pela Interpol. Em vão. Brasília nem sequer respondeu.

Em 2015, Teodorín voltou com mais 40 amigos para assistir ao desfile – e a vitória – da "sua" escola. Hospedaram-se nos dois últimos andares do Copacabana Palace sem que ninguém os incomodassem. Teodorín teria desembolsado do caixa do governo cerca de R$ 77 mil por noite na reserva das 7 suítes da cobertura do hotel.

O Brasil nem deu bola para o mandado internacional de prisão, numa prova de que entre um bandido e o pedido de um país amigo, optava pelo primeiro.

As relações entre Brasília e Malabo, capital da Guiné Equatorial, eram excelentes. O ex-presidente Lula lá esteve em 2010, ocasião em que elogiou publicamente o ditador. Em 2013, voltou a Malabo, levando representantes de empreiteiras envolvidas na Operação Lava Jato. Segundo o governo guineense e a diretoria da Beija-Flor, foram essas empreiteiras que financiaram o desfile da escola. A Odebrecht negou. Ninguém investigou.

Neguinho, intérprete da Beija-Flor, declarou que sem dinheiro sujo o Carnaval não seria o mesmo. Um argumento de peso para justificar o fato de a festa brasileira ser o maior espetáculo do mundo...

Apesar de aparentemente saber muito sobre o patrocínio ilícito do Carnaval carioca, Neguinho tampouco foi incomodado pela Justiça brasileira.

Em meio à polêmica, houve quem dissesse que as críticas não passavam de falso moralismo, outros adiantaram o fato de que todas as escolas são financiadas pela contravenção, pelo chamado crime organizado, e que, portanto, tudo bem.

Apesar de o personagem central ser um ditador sanguinário, os "especialistas" e os carnavalescos argumentaram que o desfile da escola campeã foi impecável e a vitória amplamente merecida, já que o quesito democracia não entrava no julgamento. Nem moral.

Conclusão: essa história de homenagem carnavalesca não passa de implicância minha. Mesquinharia. Afinal de contas, fechamos os olhos para os mortos e torturados da Guiné Equatorial e aos bilhões de dólares roubados desse povo famélico; demos de presente aos ditadores a anistia da dívida do país com o Brasil (12 milhões de dólares). Uma dívida que poderia ter sido paga com o produto da venda de muito menos de um décimo dos imóveis de Teodorín no Brasil, estimados em 180 milhões de dólares: dois em São Paulo, outros no Rio, Brasília, Jundiaí e uma ilha na Bahia. Além de vários carros de luxo. Na capital paulista, na região luxuosa dos Jardins, ele possui um triplex de mais de mil metros quadrados, que oficialmente teria sido alugado à embaixada do país africano.

Entre os caprichos de Teodorín está uma luva usada por Michael Jackson na turnê "Bad Tour", no final dos anos 1980, arrematada em leilão por 482 mil dólares.

De acordo com uma antiga governanta de sua mansão em Malibu, na Califórnia, avaliada em US$ 30 milhões, o vice-presidente da Guiné Equatorial não tem cartões de crédito e paga todas as suas despesas em dinheiro. Só se veste com roupas Dolce & Gabanna e Louis Vuitton.

Em 2014, a Justiça dos Estados Unidos determinou o confisco dos bens do filho do ditador. Na França, o playboy teve 17 carros de luxo e obras de arte apreendidos.

No Brasil, em meados de setembro de 2018, três anos após ter sido homenageado, a Polícia Federal apreendeu em Viracopos US$ 1,4 milhão em notas e 20 relógios, avaliados em US$ 15 milhões, com membros de uma comitiva da Guiné Equatorial, conduzida pelo vice-presidente do país africano.

A Polícia Federal fez buscas em oito imóveis de Obiang no Brasil: em São Paulo, Hortolândia, Jundiaí e Brasília. A Justiça Federal bloqueou seis carros de luxo de Teodorín, um Lamborghini, um Maserati, um Porsche, um Mercedes, um Ford Fusion e um Hyundai Santa Fé.

A Polícia Federal emitiu a seguinte nota oficial: "São apurados dois atos de lavagem de dinheiro: o primeiro relativo à aquisição, por meio de interposta pessoa (a empresa Nova Forma Soluções Imobiliárias, com sede em Jundiaí e capital social de 10 mil reais), de um apartamento de luxo; o segundo relacionado com a ocultação de movimentação de bens e valores ao entrar no Brasil."

O tal apartamento, uma cobertura triplex de 1.320 metros quadrados na rua Haddock Lobo, 1.725, bairro paulistano de Cerqueira

César, foi avaliado em 35 milhões de reais. Segundo o ex-advogado de Teodorín, Alexandre Casciano, a Nova Forma foi criada para comprar o imóvel, não possui funcionários nem escritório. A empresa está em nome do advogado Rafael Francisco Lorensini Adurens Diniz, presidente, e de sua esposa, Cleusa, diretora.

Teodorín não chegou a viver no apartamento (só utilizou as 12 vagas da garagem), cuja reforma foi interrompida judicialmente por causar danos aos vizinhos. Os trabalhos de blindagem das portas, a substituição das torneiras por ouro e a mudança do piso da piscina por mármore de Carrara provocaram rachaduras e infiltrações.

No edifício L'Essence, um dos maiores prédios residenciais de São Paulo, com 35 andares e mais de 120 metros de altura, em estilo neoclássico, moram a socialite Val Marchiori e um dos donos da JBS, José Batista Sobrinho. A água da piscina coletiva é tratada com ozônio.

O Brasil parece ter descoberto, enfim, o que o mundo já sabia há muito tempo: Teodorín não é flor que se cheire e a Guiné Equatorial é uma ditadura feroz.

Resta saber se o nosso comportamento vai mudar ou se vamos colocar a fantasia e pular Carnaval, festejando o título da Beija-Flor. Ao contrário do que acontece na França, por exemplo, graças ao passaporte diplomático, como vice-presidente, Teodorín Obiang Mangue entra no Brasil e sai do país livremente, onde, declara, tem muitos amigos.

CAMINHANDO PELO ESPAÇO-TEMPO

Outro dia, andando pelo bairro de Marais, tive a estranha sensação do tempo que passa. Quando cheguei a Paris, lá se vão 40 anos, o Marais era a cara da cidade, chique nas vizinhanças da Place des Vosges, boêmio junto ao Hotel de Ville, caindo aos pedaços no seu miolo, com o desfile incessante de homens barbudos e crianças de peiot na zona judaica.

Lembro-me de quando minha amiga Joana, bolsista do governo francês, me ligou pedindo abrigo, pois o seu apartamento tinha sido arrombado. Ela morava num prédio totalmente degradado, no último andar, sem elevador, com banheiro no corredor, do lado de fora do apartamento, um cheiro fétido. Vivia-se no Marais por falta de opção. Hoje não é mais assim. O Marais se transformou num bairro *bobo*, boêmio-burguês, onde o metro quadrado é comercializado a preço de ouro, entre 14 e 19 mil euros. Os pobres e os estudantes abandonaram a região, dentre eles muitos judeus. Chegaram os gays. Do bairro judeu só sobrou uma parte da Rue des Rosiers e adjacências, além de alguns religiosos vestidos de preto, casacões e chapéus surrados e suados sob o sol escaldante.

O mais famoso restaurante judaico da cidade, Goldenberg, onde meu pai se deliciou, devorando gulosamente *guefilte fish, kreplach, klops, varenike, helzel* para terminar com um *kiguel*, o bolo de macarrão, numa só e mesma refeição, fechou, depois de ter sobrevivido a um atentado em 9 de agosto de 1982, cometido pelo Grupo Islâmico Armado, argelino. Jo, o dono do restaurante, não respeitou as leis higiênicas, nem as da Kashrut (conjunto de deveres alimentares estabelecidos pela lei judaica), muito menos das autoridades municipais. O estabelecimento foi fechado por violação das regras de saúde pública. Parecia um sujinho do Bom Retiro paulistano dos meus tempos de infância. Hoje, na Rue des Rosiers restam o As do Faláfel, de longe o melhor da cidade, e Marianne, o único aberto aos sábados, que não recomendo. Em contrapartida, a *boulangerie* Finkelsztajn, com sua fachada amarela e seu incomparável bolo de queijo, está sempre cheia, com fila do lado de fora, totalmente justificada.

Os bares, as livrarias, as galerias gays agora estão sendo substituídos pelos comerciantes de roupas. São dezenas de lojas de *fringues,* como dizem os franceses, das bregas às badaladas, passando pela Zara e outras redes que vestem o mundo, nos tornando uniformes.

Como sempre, os mais persistentes são os asiáticos, que permanecem há décadas nas ruas próximas do Beaubourg, vendendo no atacado (e no varejo por baixo do pano) malas, armarinhos e aviamentos. Mas até quando?, pensei.

E eis que nesse passeio pelo espaço-tempo, a alguns passos do popular faláfel, me deparei com quatro restaurantes israelenses: Tavline, Miznon, Florence Kahn e Schwartz's, na Rue des Écouffes, a nova Tel Aviv parisiense. Ali, reina o sanduíche de pastrami, preparado na hora, como o do Katz's, de Nova York, onde foi rodada a cena icônica de *Harry e Sally: feitos um para o outro*, em que Meg Ryan simula um orgasmo, surpreendendo os clientes e deixando Billy Cristal sem palavras. Testei o do Schwartz's, que além de imenso (digno do sanduba de mortadela do Mercadão de São Paulo), dizem ser afrodisíaco. Divino! Mas não entrem na onda de acreditar que o sanduíche é afrodisíaco. Não é. Nem de longe lembra os suspiros e gritinhos de Sally à mesa com Harry: Oh God... Oh God... ã, ã, ã, Oh God, Oh God, Yes, Yes, Yes, ã, Yes, ã, ã, Yes, ãããããããããããããã, YES!

Exaltado pela lembrança do orgasmo virtual de Sally, cheio de admiração pela capacidade de simulação das mulheres, prossegui meu périplo, assisti à saída de senhoras com as tradicionais perucas de suas casas e fui abordado por insistentes judeus ortodoxos, barbudos e vestidos de preto como se deve, que me oferecem o talit (o xale de orações), o tefilin (contendo pergaminhos onde estão inscritos quatro trechos da Torá que enfatizam a recordação dos mandamentos) e uma reza em hebraico, tudo ao preço módico de 30 euros. Ao meu terceiro *"non, merci"*, com o preço na marca dos 10 euros, fui insultado, chamado de antissemita.

Prova de que no Marais nem tudo está perdido... Sorri.

A FESTA DA LIBERDADE

Desde que vim para a França, em 1978, nunca mais festejei Pessach, a páscoa judaica. Aliás, verdade seja dita, não me lembro tampouco de ter participado de um "seder" nos últimos anos de Brasil. Não sou religioso, sou agnóstico pela graça de Deus!

Mas não digo isso com orgulho, para reafirmar-me ateu. Ao contrário, confesso com uma pitada nostálgica.

Quando criança, era a festa que eu realmente curtia. Os símbolos de Pessach sobre a mesa, coberta com a toalha de linho branco, me fascinavam. O matzá, pão ázimo, para mostrar que os escravos judeus não tiveram tempo de fermentar a farinha ao fugir do Egito; o ovo que se refere ao ciclo de mudança, indicando que a sorte pode virar; a erva amarga, a relembrar os tempos duros da escravidão; o pescoço de frango queimado, que remete ao fato de Deus ter tirado o povo do Egito com o seu braço estendido; a água salgada das lágrimas derramadas e a batata cozida nela mergulhada para despertar a curiosidade das crianças; as maçãs com vinho e nozes, na cor e consistência da argamassa usada para fabricar tijolos.

Gostava particularmente do momento da leitura do trecho da Hagadá, o livro de rezas da festa, em que o mais jovem presente à mesa se dirige ao pai e pergunta:

– Por que esta noite é diferente de todas as noites? (*Ma nishtana, halayla hazê, micol halelot*?)

Me excitavam ainda mais as respostas, que levavam meu pai a concluir (como bom judeu que era, em forma de pergunta):

– Você já parou para pensar que somente quando experimenta o diferente é se que abre a possibilidade para fazer algo novo?

Em Pessach nos conscientizamos de que é possível MUDAR, sair do cerco, do politicamente correto e experimentar novas formas.

É a festa que convida à liberdade. *Pessach* significa passagem.

JE SUIS CHARLIE

"O ódio sem motivo é sempre pior que o amor sem motivo."

Amós Oz, na contracapa de *Judas*

L'AMOUR PLUS FORT QUE LA HAINE

As feridas abertas pelos atentados terroristas islâmicos dos anos 1980/90 pelo GIA argelino (Grupo Islâmico Armado) estavam tão bem cicatrizadas que os parisienses se acreditavam imunes ao terrorismo, apesar das inúmeras advertências do governo francês, que vez ou outra anunciava ter evitado um atentado, descoberto em plena preparação. Argumentava-se que eram apenas manobras de comunicação política. Sabia-se que atos como aqueles cometidos por Mohamed Merah, em Toulouse, contra militares, crianças e professores de uma escola judaica eram possíveis, mas que se tratava de incidentes isolados, obra de pessoas dementes, os chamados "lobos solitários".

Por isso, o pesadelo do atentado contra a sede do jornal satírico *Charlie Hebdo* foi ainda mais insuportável. Paris, aliás a França toda, ficou em estado de choque. As ruas da capital permaneceram desertas. Só as sirenes dos carros de polícia quebraram o silêncio. Quem podia, voltou para casa e não desgrudou da televisão. Homens fardados surgiram de todo canto, armados de metralhadoras. Imediatamente, o governo elevou o *status* do plano antiterrorista Vigipirate para o seu nível máximo, escarlate – alerta atentados. O policiamento foi reforçado e tornou-se visível por toda a cidade: em frente a jornais, rádios, televisões, lojas de departamento, locais de culto, monumentos, museus, estações ferroviárias, aeroportos, metrô, escolas, hospitais.

Aqueles que vieram a Paris nos dias seguintes tiveram de se submeter a condições de vigilância draconianas.

Quanto aos parisienses, ficaram atônitos.

No imaginário popular, *Charlie Hebdo* é muito mais do que um simples semanário, é uma manifestação maior do espírito francês, irônico, satírico, mordaz, arrogante, desrespeitoso, libertário. Ali estavam os maiores cartunistas do país, venerados pelos mais velhos, sobreviventes de maio de 1968. Os autores do ataque portavam rifles Kalashnikov e gritaram "Vingamos o Profeta!", em referência a Maomé, alvo de uma charge publicada 9 anos antes pelo jornal (Maomé com bananas de dinamite na cabeça no lugar do tradicional turbante), o que provocou revolta no mundo muçulmano.

Wolinski era um dos ícones do jornal, o protótipo dessa irreverência francesa. Sobre a própria morte, dizia à sua mulher amada:

– Quando eu morrer, jogue as minhas cinzas na privada, pois assim eu verei o seu cu para sempre.

Os parisienses choraram 12 mortos e responderam aos gritos de *"Je suis Charlie"*; se dirigindo à Praça da República, no coração da cidade, manifestaram seu desagravo ao terrorismo e o amor pela liberdade de expressão. Foram milhões de manifestantes em todas as grandes cidades francesas.

Do elã de solidariedade participaram todos os partidos políticos, da extrema-esquerda à extrema-direita, num raríssimo consenso, do qual não faltou a comunidade muçulmana.

Foi um momento de união nacional, em torno do principal alicerce da sociedade francesa – a laicidade, um sentimento que os brasileiros são incapazes de entender.

Espremido no meio da multidão, eu entrei no ar, na programação da rádio Bandeirantes, em um dos muitos momentos em que o povo cantava *A Marselhesa*, o revolucionário hino francês:

> Allons enfants de la Patrie
> Le jour de gloire est arrivé
> Contre nous de la tyrannie
> L'étendard sanglant est levé
> L'étendard sanglant est levé
> Entendez-vous, dans les campagnes,
> Mugir ces féroces soldats?
> Ils viennent jusque dans nos bras,
> Egorger nos fils, nos compagnes.

> Aux armes, citoyens!
> Formez vos bataillons!
> Marchons! Marchons!
> Qu'un sang impur abreuve nos sillons!

> Que veut cette horde d'esclaves,
> De traîtres, de rois conjurés?
> Pour qui ces ignobles entraves,
> Ces fers dès longtemps préparés? (bis)
> Français, pour nous, ah! quel outrage!
> Quels transports il doit exciter!

C'est nous qu'on ose méditer
De rendre à l'antique esclavage!

Aux armes, citoyens!
Formez vos bataillons!
Marchons! Marchons!
Qu'un sang impur abreuve nos sillons!

Quoi! des cohortes étrangères
Feraient la loi dans nos foyers!
Quoi! ces phalanges mercenaires
Terrasseraient nos fils guerriers!
Grand Dieu! par des mains enchaînées
Nos fronts sous le joug se ploieraient
De vils despotes deviendraient
Les maîtres des destinées.

Aux armes, citoyens!
Formez vos bataillons!
Marchons! Marchons!
Qu'un sang impur abreuve nos sillons!

Tremblez, tyrans et vous perfides
L'opprobre de tous les partis,
Tremblez! vos projets parricides
Vont enfin recevoir leurs prix! (bis)
Tout est soldat pour vous combattre,
S'ils tombent, nos jeunes héros,
La terre en produit de nouveaux,
Contre vous tout prêts à se battre!

Aux armes, citoyens!
Formez vos bataillons!
Marchons! Marchons!
Qu'un sang impur abreuve nos sillons!

Français, en guerriers magnanimes,
Portez ou retenez vos coups!
Épargnez ces tristes victimes,
À regret s'armant contre nous. (bis)
Mais ces despotes sanguinaires,
Mais ces complices de Bouillé,
Tous ces tigres qui, sans pitié,
Déchirent le sein de leur mère!

De *Charlie* a Arafat ■ 107

Aux armes, citoyens!
Formez vos bataillons!
Marchons! Marchons!
Qu'un sang impur abreuve nos sillons!

Amour sacré de la Patrie
Conduis, soutiens nos bras vengeurs
Liberté, Liberté chérie,
Combats avec tes défenseurs! (bis)
Sous nos drapeaux que la victoire
Accoure à tes mâles accents,
Que tes ennemis expirants
Voient ton triomphe et notre gloire!

Aux armes, citoyens!
Formez vos bataillons!
Marchons! Marchons!
Qu'un sang impur abreuve nos sillons!

Nous entrerons dans la carrière,
Quand nos aînés n'y seront plus
Nous y trouverons leur poussière
Et les traces de leurs vertus. (bis)
Bien moins jaloux de leur survivre
Que de partager leur cercueil,
Nous aurons le sublime orgueil
De les venger ou de les suivre!

Tradução:

Avante, filhos da Pátria
O dia da glória chegou
Contra nós, da tirania
O estandarte ensanguentado se ergueu
O estandarte ensanguentado se ergueu
Ouvis nos campos
Rugirem esses ferozes soldados?
Vêm eles até os nossos braços
Degolar nossos filhos, nossas mulheres.

Às armas, cidadãos!
Formai vossos batalhões!
Marchemos, marchemos!

Que um sangue impuro
Águe o nosso arado!

O que quer essa horda de escravos,
de traidores, de reis conjurados?
Para quem (são) esses ignóbeis entraves.
Esses grilhões há muito tempo preparados? (bis)
Franceses! A vós, ah! que ultraje!
Que comoção deve suscitar!
É a nós que consideram
retornar à antiga escravidão!

Às armas, cidadãos...

O quê! Tais multidões estrangeiras
Fariam a lei em nossos lares!
O quê! Essas falanges mercenárias
Arrasariam os nossos nobres guerreiros!
Grande Deus! Por mãos acorrentadas
Nossas frontes sob o jugo se curvariam
E déspotas vis tornar-se-iam
Os mestres dos nossos destinos!

Às armas, cidadãos...

Tremei, tiranos! E vós pérfidos
O opróbrio de todos os partidos,
Tremei! Vossos projetos parricidas
Vão enfim receber seu preço! (bis)
Somos todos soldados para vos combater
Se tombam os nossos jovens heróis
A terra de novo os produz
Contra vós, todos prontos a vos vencer!

Às armas, cidadãos...

Franceses, guerreiros magnânimos,
Levai ou retende os vossos tiros!
Poupai essas tristes vítimas
A contragosto armando-se contra nós (bis)

Mas esses déspotas sanguinários,
Mas os cúmplices de Bouillé,
Todos os tigres que, sem piedade,
Rasgam o seio de suas mães!

Às armas, cidadãos...

Amor sagrado pela Pátria
Conduz, sustém-nos os braços vingativos
Liberdade, liberdade querida,
Combate com os teus defensores! (bis)
Sob as nossas bandeiras, que a vitória
Chegue logo às tuas vozes viris,
Que teus inimigos agonizantes
Vejam teu triunfo, e nós a nossa glória!

Às armas, cidadãos...

Entraremos na carreira (militar),
Quando nossos anciãos não mais lá estiverem
Lá encontraremos suas cinzas
E o resquício das suas virtudes (bis)
Bem menos desejosos de lhes sobreviver
Que de partilhar seus caixões,
Teremos o sublime orgulho
De os vingar ou de os seguir!

[...]

Há momentos no jornalismo em que a objetividade perde a razão de ser, suplantada pela dor. Ou melhor, a dor se transforma na tradução mais objetiva do momento.

Chorei muito durante a cobertura; no ar, ao vivo, no meio de 3 milhões de pessoas num só e mesmo grito ensurdecedor:

Je suis Charlie!

Eu sou Charlie!

O *slogan*, que ganhou a França horas após o ataque ao jornal *Charlie Hebdo*, em apoio às vítimas e à liberdade de expressão, foi criado momentos após o ataque por Joachim Roncin, um grafista francês. Acabou se tornando um ícone, um dos mais acionados da história do Twitter.

Roncin diz ter sido influenciado por uma célebre cena do filme *Spartacus*, de Stanley Kubrick, sobre a revolta dos escravos sob o império de Roma. A ação se desenrola em meio a um grupo de vassalos. Um militar romano procura Spartacus, chama-o pelo nome; os escravos se levantam e, um a um, em solidariedade com o companheiro, bravejam: *"I am Spartacus!"* Eu sou Spartacus!

Folheando a história da França, concluo que o grafista pode ter sido influenciado por um outro *slogan*, de 1968, *"Nous sommes tous des juifs allemands"* ("Nós somos todos judeus alemães"), em solidariedade com Daniel Cohn-Bendit (judeu alemão, líder estudantil da revolta de maio de 1968), quando atacado pelo jornal de extrema-direita *Minute*.

Na capa do primeiro número após o atentado, *Charlie Hebdo* publicou uma charge com um religioso muçulmano beijando na boca um cartunista do jornal, sob a frase: L'AMOUR PLUS FORT QUE LA HAINE.

NADA JUSTIFICA O INACEITÁVEL

Poucos dias após o segundo mais cruel atentado terrorista cometido na Europa desde o fim da Segunda Guerra, em novembro de 2015 em Paris, alguns pseudoanalistas aproveitaram a ocasião para, utilizando artifícios de linguagem, "explicar sem justificar" o assassinato de mais de cem pessoas por um bando de malucos, a mando de fanáticos hediondos. No fundo, esses "pseudos" até gostariam de justificar o injustificável, só que não tiveram coragem. Disseram em seus comentários o óbvio, que os atentados são inadmissíveis, mas abriram parênteses para jogar a responsabilidade sobre os franceses. Afinal de contas, argumentaram, os muçulmanos pobres das *banlieues*, dos subúrbios das grandes cidades como Paris ou Lyon sofrem, são discriminados e alijados do bem-estar proporcionado pela sociedade francesa.

Meia verdade! Se por um lado eles são vítimas do racismo e da discriminação por uma parcela da população, de outro têm os mesmos direitos dos franceses, que diante da crise e do desemprego também vivem dificuldades. Têm escola gratuita, se beneficiam das ZEPs (zonas de educação prioritária), com orçamento maior que a média das demais escolas, para compensar as dificuldades de aprendizado dos alunos; contam com a *Securité Sociale*, tratamento médico-hospitalar praticamente gratuito (com acesso a todos os hospitais da rede pública, amplamente majoritários e bem equipados, tendo os melhores profissionais nos seus corpos médicos); reembolso de remédios; transporte barato; moradia com aluguel subsidiado; ginásios esportivos; piscina; salário-desemprego ou ainda um mínimo vital mensal para os velhos e pobres. Mesmo assim, muitos se negam a falar francês, conversam em árabe entre si e dizem que os países de origem de seus pais e avós são melhores que a França. À diferença que, nesses países, quase todos dirigidos por ditaduras, não há nada disso.

Os imigrantes de primeira geração, do Magreb e da África subsaariana, muitos dos quais não falavam uma palavra de francês, eram incapazes de ler, se integraram sem maiores problemas. Vinham com o único objetivo de melhorar de vida, de dar melhores condições às suas famílias, de colocar os filhos em boas escolas. Por isso, submetiam-se sem se questionar. Isso mudou. Hoje, os jovens dos subúrbios, que nasceram na França, exigem ser tratados como franceses, sem qualquer distinção. Em face da discriminação, reagem de maneira radical.

É claro que nem tudo são rosas. Existem, na sociedade francesa, pessoas islamofóbicas, como também racistas, antissemitas, anticiganos.

A dificuldade em integrar os poucos imigrantes que aqui chegam é real. A escola, que fazia esse trabalho, já não basta. O serviço militar obrigatório, onde jovens ricos e pobres, brancos e negros, muçulmanos e judeus conviviam, foi abolido. Nos subúrbios, a taxa de desemprego é maior que a média nacional e a diversidade problemática.

Em vez de apontar, dedo em riste, a islamofobia como o mal supremo, esses analistas (dentre os quais muitos "especialistas" brasileiros ouvidos para comentar na mídia os atentados de Paris) deveriam colocar o dedo na ferida e alertar para o perigo representado pelo radicalismo islâmico, inclusive quando este não assume a forma diabólica do terror.

Em nome do respeito às liberdades republicanas, os sucessivos governos franceses, tanto de direita como de esquerda, foram laxistas, deixaram instalar-se nas mesquitas do país imanes radicais, em total desrespeito às leis francesas. Ouvi recentemente um sermão do imane de Brest, na região da Bretanha, oeste da França, dirigido a crianças de até 11 anos, em que ele proclamava que a música era obra do diabo e que Alá transforma quem ouve música em macaco ou porco (animais *haraam*, impuros, proibidos pela fé muçulmana).

Quando a plateia é de adultos, o discurso é ainda mais virulento. Por exemplo, explica-se a que hora do dia o marido pode bater na mulher. Leem-se trechos do Alcorão em que os fiéis são convocados a "matar" judeus e cristãos.

Também em nome da liberdade, a França deixou que jovens viajassem para a Síria e o Iraque, fechando os olhos para os objetivos dessas viagens: jihadismo, guerra santa. Assim, a França e outros países europeus, democráticos, acordaram quando já haviam se transformado em incubadoras de fundamentalistas islâmicos. Ao retornar à Europa após terem passado por uma lavagem cerebral, muitos desses jovens (como os terroristas da discoteca Bataclan) sonham em morrer em nome de Alá, em matar inocentes brancos para subir ao paraíso, onde 72 virgens os esperam.

Claro, na Europa a maioria esmagadora dos muçulmanos não é terrorista, mas infelizmente hoje quase todos os terroristas são radicais islâmicos.

A islamofobia é condenável e deve ser condenada com a maior severidade, do mesmo modo que o antissemitismo, mas não é, de maneira alguma, a causa do terrorismo islâmico.

As palavras do jornal *The New York Times*, referindo-se à barbárie, trazem um pouco de reconforto:

A França encarna tudo o que os fanáticos religiosos do mundo detestam: a alegria de viver por uma miríade de pequenas coisas: o perfume de uma xícara de café com croissant pela manhã, as belas mulheres usando vestidos e sorrindo livremente pelas ruas, o cheirinho de pão quente, uma garrafa de vinho entre amigos, algumas gotas de perfume, as crianças brincando nos jardins do Luxemburgo, o direito de não acreditar em nenhum deus, de zombar das calorias, de namorar, fumar e apreciar o sexo fora do casamento, de sair de férias, de ler um livro qualquer, de ir à escola gratuitamente, brincar, rir, brigar, gozar dos prelados como dos políticos, não se preocupar com a vida após a morte. Nenhum país no mundo tem uma melhor definição para a vida que os franceses.

OBRA DO ACASO

Estar no lugar certo no momento certo. Este é o "segredo" que faz com que um jornalista seja melhor que outro ou que um furo (no bom sentido) se transforme em uma notícia bombástica e, claro, exclusiva. A grande questão é saber qual é o lugar certo e o momento certo. Isso, em princípio, só Deus sabe. Claro, às vezes a resposta é óbvia, só que nesta circunstância você costuma estar cercado de outros – muitos – jornalistas. É o caso, por exemplo, da cobertura de uma viagem presidencial. Aí, o único furo possível é o negativo; você não dar uma notícia que todo mundo deu.

Muitas vezes, os tais lugar e momento são obra do acaso.

O fato relatado a seguir tem várias versões, sendo que a primeira delas me foi contada pelo próprio Tião.

30 de março de 1981: o nosso querido Sebastião Salgado, imenso fotógrafo e pessoa humana *hors pair*, foi cobrir para a agência Magnum uma conferência do presidente dos Estados Unidos Ronald Reagan, sobre seus cem primeiros dias na Casa Branca, no hotel Washington Hilton da capital americana. Diante da multidão de fotógrafos presentes e de sua determinação em registrar imagens diferentes, pensou: vou ficar do lado de fora, assim faço fotos da saída.

114 ■ A Europa hipnotizada

Mal sabia ele que ao deixar o hotel, Reagan seria atacado por um jovem de 22 anos, que abriu fogo seis vezes, com uma das balas perfurando o pulmão, para se alojar a uma polegada do coração do presidente. John Warnock Hinckley Jr., o atirador, foi declarado inocente por motivos de insanidade e permaneceu hospitalizado em uma instituição psiquiátrica até 2016.

Versão número 2:

Na época, Sebastião Salgado atuava como *freelancer* e era associado à agência Magnum, sediada em Paris. A pedido do jornal *The New York Times*, foi escalado para acompanhar o presidente Reagan durante uma semana. Como não estava credenciado, depois de apanhar gravata e sapatos emprestados, no meio da correria conseguiu entrar numa caminhonete que transportava 15 agentes de segurança para o Hotel Hilton, local do encontro do presidente com empresários. Chegou atrasado. Ao ouvir o primeiro disparo saltou do carro ainda em movimento e fez as fotografias do atentado.

Terceira versão:

Quando acabou o discurso, o fotógrafo Ron Edmonds, da agência Associated Press, correu para os fundos do hotel com a intenção de fotografar a saída de Reagan (o presidente acenando para as pessoas, antes de entrar no carro). Ele já estava posicionado, esperando Reagan aparecer, quando chegou Sebastião Salgado, que estava a serviço da agência Magnum. Instantes depois, Ronald Reagan surgiu cercado de seguranças, acenou para o público e começam os tiros, vindos do seu lado esquerdo. Ron Edmonds estava de frente para o presidente e já fotografando quando tudo começou. Sebastião Salgado, que acabara de chegar, não tinha feito nenhuma foto e, durante os tiros, ficou olhando a cena, aparentemente sem entender o que acontecia.

Enquanto alguns agentes empurravam Reagan para dentro do carro, outros pulavam sobre o atirador, que estava mais próximo de Salgado do que de Edmonds. A cena inteira durou poucos segundos e quando Sebastião Salgado começou a fotografar, o carro do presidente já arrancava para o hospital. A foto que o tornou famoso foi exatamente esta: um grupo de seguranças sobre o atirador (que não aparece).

De *Charlie* a Arafat ■ 115

Portanto, quem fez as fotos do atentado ao presidente Ronald Reagan foi Ron Edmonds, que ganhou o Prêmio Pulitzer (e vários outros) naquele ano. Sebastião Salgado fez a foto do, digamos, pós-atentado, quando o atirador John Hinckley Jr. já estava imobilizado pelos seguranças do presidente.

Mesmo assim, a foto foi vendida para diversos jornais e revistas do mundo inteiro e Salgado admite que ganhou um bom dinheiro com ela, ao contrário de Ron Edmonds, que obteve um mísero aumento de 50 dólares semanais da Associated Press, em "reconhecimento" ao seu bom trabalho.

Com esse dinheiro, o fotógrafo brasileiro comprou um apartamento em Paris e financiou a sua primeira grande reportagem, na África.

O faro e o acaso

As fotos de Edmonds, assim como as de Salgado, provam o quão importante para o jornalista é estar no lugar certo no momento certo.

Para isso, conta tanto o faro do repórter como o fator sorte, o chamado acaso.

Num momento raro, as duas coisas me levaram a dar o maior furo da carreira: a morte do palestino Yasser Arafat, em 4 de novembro de 2004. Fui o primeiro a dar a notícia... no mundo.

A história começou na redação brasileira da rádio France Internationale, que eu dirigia na época. O jornalista escalado para cobrir Arafat, internado no Hospital militar de Percy, no subúrbio de Clamart, teve um impedimento de última hora. E eu não tinha um substituto à mão. O jeito foi pegar o carro e seguir para Clamart. Ali chegando me juntei aos colegas, centenas, vindos do mundo todo.

De pé, no saguão de um dos prédios do hospital, esperamos durante horas um boletim médico. Até que a mensagem do meu celular tocou. Era uma amiga enfermeira, minha vizinha, com quem estava em contato desde a internação do líder palestino em estado crítico. Ela trabalhava na unidade de terapia intensiva do hospital. O SMS dizia: morte cerebral.

Saí de lado e aguardei, excitado com a notícia, mas ao mesmo tempo hesitante em divulgá-la sem confirmação. Foi quando um dos médicos integrantes da equipe que cuidava do raïs (presidente) deixou o hospital e caminhou na minha direção, rumo ao estacionamento. Rapidamente escrevi um bilhete – *mort cérébrale* – e mostrei a ele. O médico leu e confirmou: *"Oui, il est en état de mort clinique"*.

Era a confirmação que eu esperava.

Segundos depois, o telefone tocou. Era o canal de televisão do Portal Terra, com quem a rádio tinha um acordo de cooperação. O jornalista e amigo Jaime Spitzcovsky, que estava no ar, perguntou sobre o estado de Arafat.

Resposta:

– Acabo de ter a notícia, em primeiríssima mão, de que Yasser Arafat, 75 anos, se encontra em estado de morte clínica.

Contei a história, apesar de acreditar que a sua morte não seria oficializada tão cedo, já que havia várias incertezas. Duas particularmente complicadas: o local do sepultamento, discutido entre as autoridades israelenses, francesas, palestinas, egípcias e a esposa Suha Arafat; e o destino da herança, sobretudo das contas milionárias não declaradas em paraísos fiscais.

Horas depois, o doutor Christian Estripeau, porta-voz do Serviço de Saúde das Forças Armadas francesas, e o primeiro-ministro palestino Ahmed Qorei desmentiram a morte do raïs. Mas, praticamente no mesmo momento, oficiais norte-americanos confirmavam a notícia de que Arafat estava sendo mantido artificialmente em vida até que se chegasse a um acordo sobre o lugar da sepultura.

Como parte da farsa, o presidente francês Jacques Chirac foi ao hospital para desejar ao morto o protocolar "pronto restabelecimento". Arafat não ressuscitou.

Dei a notícia no dia 4 de novembro. A morte só veio a ser anunciada oficialmente no dia 11, às 3h30 da madrugada, depois que as duas questões-chave foram resolvidas. Durante esses sete dias, após ter tido a confirmação por outras fontes, sustentei que Arafat estava clinicamente morto.

Após uma cerimônia no Cairo, Yasser Arafat foi enterrado na Mouqata, seu quartel-general em Ramalá, na Cisjordânia, onde ele viveu confinado durante os três últimos anos de sua vida. A respeito da herança, pouco se sabe até hoje. Comenta-se que a Autoridade Palestina e sua mulher Suha teriam chegado a um acordo negociado secretamente no Palácio do Eliseu, sob a batuta de Jacques Chirac.

Sobre a morte do líder palestino, o então primeiro-ministro israelense Ariel Sharon declarou:

> Os acontecimentos recentes podem constituir uma guinada histórica no Oriente Médio. Israel é um país que procura a paz e que continuará seus esforços para chegar a um acordo de paz com os palestinos já.

Um ano após o desaparecimento de Arafat, Sharon foi vítima de um gravíssimo ataque cerebral e entrou em coma, do qual nunca mais saiu até a sua morte, em 11 de janeiro de 2014.

As negociações de paz praticamente não avançaram.

BECO SEM SAÍDA

"Israel é a única nação do Ocidente que mantém outro povo sob ocupação. Por outro lado, é a única nação do Ocidente cuja existência está ameaçada. Intimidação e ocupação se tornaram os dois pilares de nossa condição."

Ari Shavit, *Minha Terra Prometida*

UM MINUTO SÓ

Confesso que apesar de mais de 45 anos de jornalismo, 35 passados como correspondente internacional, ainda fico perplexo com a reação dos meus interlocutores que, sob o impacto de certos acontecimentos, perdem totalmente a capacidade de reflexão. Por que será que deixam de raciocinar quando surgem certas palavras como *Israel* e *judeus*?

Refiro-me ao comportamento de pessoas que julgava serem inteligentes e sensatas, diante da ofensiva israelense em Gaza – Margem Protetora, em julho de 2014. Ouvi e li comentários acusando Israel de praticar "genocídio" (não foi a primeira nem será a última), dentre outros da boca do então assessor do Planalto para a política externa, Marco Aurélio Garcia.

A ação israelense podia ter sido condenada por crimes de guerra contra a população civil palestina, englobando crianças. Todos ficamos com o estômago virado diante das cenas de violência, embora muitas das que inundaram as redes sociais tenham sido filmadas na Síria vizinha e não em Gaza. Mas genocídio, cá entre nós, é outra coisa, nada a ver com mais este capítulo do arrastado conflito entre Israel e o Hamas.

Genocídio, segundo a definição do *Dicionário Aurélio*, é a "destruição metódica de um grupo étnico pela exterminação de seus indivíduos".

Portanto, se o Exército israelense tivesse querido praticar genocídio, teria atacado a Cisjordânia e a Faixa de Gaza com armas de destruição em massa para acabar com os palestinos. Não foi o caso. Os ataques visaram a alvos determinados.

Li uma ex-amiga indignada bufar no Facebook: "Mesmo que se afirme que os alvos eram membros do Hamas ou da Jihad Islâmica, nada justifica a matança de crianças e civis refugiados nas escolas. É uma política de Estado tão inadmissível e criminosa quanto a loucura nazista."

Outra dizia que a atitude de Israel lhe fazia lembrar os nazistas...

Tentei entender a comparação, mas confesso que não consegui. Além da má-fé, nada pode explicar essa reação. Ou melhor, vejo três explicações possíveis: a imbecilidade, o antissemitismo e a pobreza de vocabulário. Para muitos brasileiros, intelectualmente "preguiçosos", chamar alguém de nazista ou fascista (palavras erroneamente usadas frequentemente como sinônimos) é um xingamento, igual a "filho da puta"". Mas convenhamos: se todo nazista é filho da puta, nem todo filho da puta é nazista.

Nazismo é outra coisa. Mestre Houaiss explica: "Nazismo: doutrina e partido do movimento nacional-socialista alemão fundado e liderado por Adolf Hitler (1889-1945); hitlerismo, nacional-socialismo".

"O abuso das palavras não é apenas uma falta contra a verdade. Tem o efeito político de banalizar", como lembra o professor de História Contemporânea da Universidade de Roma, Emilio Gentile, em seus estudos sobre o totalitarismo.

No episódio em questão, de um total de mais de 80 escolas da ONU na região, três foram atingidas, sendo que uma delas o teria sido por um foguete lançado pelo Hamas. Foram, portanto, duas além da conta, mas que não se diga que houve ataque sistemático contra as escolas. É necessário aqui abrir um parêntese para lembrar, *en passant*, que o Hamas, como de hábito, utilizou crianças, mulheres e idosos como escudos humanos. O que certas pessoas preferem esquecer ou ignorar. Não se trata de um mero detalhe.

Muito também se falou sobre a desproporcionalidade desta guerra com um número muito superior de vítimas do lado palestino. A própria diplomacia brasileira denunciou a superioridade de Israel, aliás sem condenar o Hamas. Como culpar Israel por construir abrigos para a sua população se refugiar dos mísseis lançados de Gaza, ao contrário do que faz o Hamas? O movimento islamita gastou milhões e milhões de dólares para construir uma incrível rede de túneis, pelos quais os seus combatentes deveriam passar para atacar Israel (segundo planos confessados por fontes do Hamas). Desde o início daquele conflito foram lançados mais de 3.500 foguetes contra Israel, 3 mil foram destruídos pela cobertura antimíssil israelense. Desde o cessar-fogo de 2012, o Hamas, que governa a Faixa de Gaza, não construiu um só hospital, uma escola, nem melhorou as suas infraestruturas. Ao contrário da Autoridade Palestina na Cisjordânia.

O mais incrível é ver as "esquerdas" do mundo ocidental, Brasil inclusive, apoiarem um movimento islamita, retrógrado, de extrema-direita, antidemocrático, que em sua Carta de princípios diz que "o profeta ordena a cada muçulmano matar todos os judeus do mundo", cita os Protocolos dos Sábios de Sião (texto maior do antissemitismo), diz que os judeus dominam o mundo através da Liga das Nações, que os judeus ocasionaram as duas guerras mundiais e que o mundo é controlado pelo dinheiro judaico.

Aqueles que comparam a democracia israelense ao nazismo sabem que destruir o Estado de Israel é a razão de ser do Hamas. E que não haverá paz enquanto o movimento islamita existir como tal. Por mais que eu deteste o então primeiro-ministro israelense (e não é pouco), o direitista Bibi Netanyahu, confundi-lo com Hitler é antissemitismo ou burrice.

O simples nome do Estado – Israel – tem uma carga emocional digna de ser estudada pelos psicólogos sociais.

Eu não me incluo entre aqueles que veem antissemitismo em cada palavra pronunciada contra Israel ou contra o seu governo. Durante anos militei no Movimento Paz Agora, por dois Estados – um israelense, outro palestino – vivendo lado a lado, em paz, dentro de fronteiras seguras. Um sonho que hoje, infelizmente, acredito ser impossível a curto e médio prazos. Sou um crítico feroz das colônias nos territórios ocupados. E mais ainda do regime segregacionista imposto pela lei aprovada pela Knesset em julho de 2018. Mesmo assim, me nego a parar de sonhar, pois como disse André Malraux, ministro da Cultura do general De Gaulle, em política só a utopia é interessante.

O saudoso escritor e jornalista sabra, Amós Oz, um dos intelectuais mais críticos em relação às políticas do regime israelense, disse ao receber o prêmio Franz Kafka:

> O conflito entre israelenses e palestinos é um choque trágico entre dois direitos, entre duas antigas vítimas da Europa. Os árabes foram vítimas do imperialismo europeu, do colonialismo, da opressão e da humilhação. Os judeus foram vítimas da perseguição europeia, da discriminação, dos pogroms e, ao final, de uma matança de dimensões nunca vistas. É uma tragédia que essas duas antigas vítimas da Europa tendam a ver, cada uma na outra, a imagem da sua opressão passada.

O ódio gerado no conflito de Gaza é típico do sentimento exacerbado que toma conta das pessoas quando Israel está envolvido. A cada novo episódio dessa guerra sem fim, a condenação de Israel pelo mundo afora ganha tal dimensão que não deixa espaço para qualquer análise um pouco mais serena... e séria. O governo de Benjamin Netanyahu é visto como satanás, cujo único objetivo é destruir o povo palestino.

Certo dia, conversando no ar com o apresentador da Band News FM, Eduardo Barão, disse que o Hamas havia interrompido a trégua estabelecida na véspera, lançando novos foguetes contra Israel.

Foi quando o convidado que se encontrava no estúdio, um ex-ministro, comentou:

– Pois é, Milton, parece que Israel não quer mesmo que os palestinos morram de fome, prefere que morram pelas armas.

Isso mostra que o nosso interlocutor reagiu sem sequer ouvir o que eu acabara de dizer, ou seja, que o Hamas, e não Israel, havia desrespeitado o cessar-fogo.

Essa reação é muito comum quando se trata do Estado hebreu. As pessoas ouvem apenas o que querem. Aqueles que não ousam se manifestar sobre outros conflitos opinam abertamente sobre esse utilizando o coração, quase nunca a razão. Não se informam, mas tomam posição. Sem levar em conta que a Faixa de Gaza é dominada pelos islamitas do Hamas, aliados às facções armadas da Jihad Islâmica. O Hamas, que controla o território, é um movimento terrorista, assim reconhecido pela comunidade internacional, que defende em seus estatutos a destruição de Israel. E graças às armas desenvolvidas com a ajuda do Irã e do grupo libanês Hezbollah, tem condições de atingir qualquer ponto do território israelense.

Apesar da trégua de 2012 e das tantas outras que se seguiram, diariamente são lançados dezenas de foguetes contra Israel, obrigando as pessoas a se refugiarem em abrigos. Após as sirenes soarem, elas têm 30 segundos para chegar ao abrigo mais próximo. E isso dura anos e anos, dia após dia. Os brasileiros do kibutz Bror Hayil, situado no sul de Israel, próximo de Sderot, são vítimas frequentes desses ataques.

É absurdo comentar uma situação de conflito com as vísceras. No entanto, é o que fazemos, inclusive nós, judeus da diáspora, levados pelo sentimento de que todos os que criticam o governo de Jerusalém são anti-israelenses e, portanto, antissemitas.

Fiquei assustado com o teor de um debate que tive com um ex-amigo judeu, jornalista e poeta de renome, a respeito dos incidentes de maio de 2018, em Gaza. Desviamos, inevitavelmente, para a questão do antissemitismo. Ele afirmava de forma peremptória: "99% do antissemitismo europeu é islâmico ou de esquerda."

Ele se negou a me dizer de onde tirou esse número.

"A França é um país onde os muçulmanos assassinam judeus e a imprensa e o Estado escondem isso."

Ele foi incapaz de me citar um único caso em que o assassinato de um judeu tenha sido acobertado pelo Estado francês.

"A Alemanha importa antissemitas aos milhões."

Ele chama de "importação de antissemitas" o acolhimento de aproximadamente 800 mil refugiados vindos de países em guerra.

"O Labour britânico é uma incubadora de antissemitismo."

Confesso que não entendi. A única explicação possível é que o Labour, sendo Trabalhista, é, portanto, um partido de esquerda, logo, na sua concepção, antissemita.

"A Europa é antissionista e pró-Palestina, pró-Hamas etc."

Ora, a União Europeia mantém o Hamas na lista de organizações terroristas.

"Todos os atentados recentes na França, na Alemanha e até na Inglaterra foram perpetrados pelos refugiados de araque (pois a maioria desses muçulmanos não é refugiada). Não há nenhuma razão para achar que sejam mais que migrantes econômicos."

Na realidade, nenhum atentado na Europa, até o momento em que escrevo, foi cometido por refugiados. Nenhum.

"Os 'refugiados' nunca têm documentos, mas sempre têm smartphones."

Em vários países não existe documento de identidade. É o caso do Afeganistão, por exemplo. Ele não sabia (mas continua usando o argumento). Além disso, muitos refugiados tiverem de abandonar seus documentos ao deixar seus países por questão de segurança. Quanto ao termo *nunca*, admitiu que é de sua lavra.

"Por que os 'refugiados' vão para a Europa e não ficam nos países árabes, muçulmanos?"

Os países que contam com o maior número de refugiados são muçulmanos. Etiópia, Uganda, Irã, Jordânia, Líbano, Paquistão e Turquia são os que mais receberam refugiados em 2016, durante a grande onda migratória. Além disso, do total de 22,5 milhões de refugiados que cruzaram as fronteiras, 84% estão abrigados em países de renda média ou baixa, sendo que um terço está nos países menos desenvolvidos do mundo, de acordo com o Alto Comissariado das Nações Unidas para os Refugiados.

Confesso ter ficado triste em constatar que o amigo do passado tinha se transformado num fascistoide, antidemocrata, islamofóbico. E pior que parte da comunidade judaica brasileira, que um dia foi refugiada como hoje os afegãos ou sírios, reage como ele.

– Nós éramos diferentes, queríamos nos integrar. Eles não – disse uma senhora judia ao me interpelar após uma conferência sobre a extrema-direita europeia, que proferi em São Paulo.

Perguntei, então, a ela, que parecia tão bem informada, com quantos refugiados muçulmanos requerentes de asilo na Europa tinha discutido a respeito, quantos ela conhecia, que livros tinha lido sobre o assunto.

A senhora, com o olhar arregalado, respondeu: – Nenhum.

Como disse Amós Oz, não há razão para aplaudir Israel. "Quanto mais civis palestinos morrem, melhor para o Hamas."

Israel não é bonzinho, o Hamas tampouco. Em cada conflito do gênero, Israel comete crimes abomináveis. O Hamas também. Basta lembrar que a gota d'água que levou ao enésimo capítulo do conflito, de 2014, foi o assassinato de três jovens judeus, seguido da morte de um jovem palestino, queimado vivo por vingança. A diferença é que os assassinos do jovem palestino foram presos e condenados. Enquanto os responsáveis pela morte dos três israelenses não foram presos pela polícia palestina, mas sim aclamados pela população como heróis.

Quanto a nós, espectadores e vítimas da guerra de propaganda (de ambos os lados), uma sugestão: que tal pararmos um minuto para nos informar e refletir antes de julgar? O conflito mais complexo da história talvez mereça esse tempo de reflexão. Um minuto apenas.

Só a paz – e não os muros ou as armas – pode trazer segurança. O problema é que hoje não há interlocutores. A solução de dois Estados não interessa a nenhuma das partes envolvidas, nem a Israel nem aos palestinos, nem aos países árabes nem ao resto do mundo.

CRÔNICA DE UMA CATÁSTROFE ANUNCIADA

Crônica de uma catástrofe anunciada. Assim poderia se resumir, em uma frase, a retomada da violência em Israel, qualificada por alguns como sendo a Terceira Intifada.

Só os ingênuos poderiam acreditar – e alguns até mesmo apostar – na política do *status quo* protagonizada por Ariel Sharon. Não houve surpresa. Nem podia haver. A explosão era previsível. A grande questão é que ninguém hoje no mundo se interessa pelo problema israelo-palestino, nem os Estados Unidos, nem a Europa e muito menos os países árabes. Os próprios palestinos, sobretudo os jovens de Jerusalém Oriental, se desiludiram a ponto de não acreditar mais na política. O Hamas e a Autoridade Palestina estão totalmente ultrapassados, imersos em suas próprias disputas e divisões. Ninguém aponta um caminho possível. A palavra *esperança* foi apagada do dicionário.

Neste clima, bastaram rumores sobre a mudança do estatuto da esplanada da mesquita Al-Aqsa, administrada pelos palestinos, para provocar mais uma explosão. Dessa vez com a agravante religiosa.

Se as duas primeiras intifadas foram, de certa maneira, controláveis por Israel, a terceira foi muito mais complexa. Dessa vez, o inimigo esteve por todo o canto, na virada da esquina, no ponto de ônibus, na praça pública. O inimigo era praticamente irreconhecível, como mostra um incidente ocorrido em Haifa, onde um judeu apunhalou um outro judeu porque parecia árabe. Hoje, não há lideranças nem organização dignas desse nome, o que faz com que as informações colhidas pelos agentes do Mossad, em Gaza e Ramalá, não sirvam praticamente para nada. O inimigo é o lobo solitário, desesperado diante da falta de perspectiva. Mata sabendo que vai morrer. Não tem importância, já que a vida nada vale. É um fenômeno que, nesse sentido, se assemelha ao que acontece nas comunidades das grandes cidades brasileiras dominadas pelo tráfico de drogas.

A desesperança é tal que qualquer alusão ao diálogo soa falsa, como se, de qualquer maneira, não se possa chegar a lugar algum.

Dominique Moisi, politólogo, grande especialista da região, se pergunta se os Acordos de Oslo não passaram de um sonho absurdo. Sonho que se tornou pesadelo com o assassinato de Yitzhak Rabin e com a ascensão de Ariel Sharon, que levantou muros e apostou todas as fichas no *status quo*. Muros nunca resolveram problemas, nem na Alemanha dividida, nem na Cisjordânia, nem nos Estados Unidos de Trump.

A solução não virá dos israelenses nem dos palestinos, nem da comunidade internacional, no curto prazo. É o vazio absoluto.

A "solução" de dois Estados fracassou, raríssimos são aqueles que ainda acreditam nessa saída, que parecia ser a única possível: trocar os territórios ocupados pela paz. Ninguém mais ousa falar em acabar com as colônias, mal dentre todos os males.

REVISIONISMO

Não é preciso ser historiador para saber que Jerusalém foi originalmente uma cidade judaica, que houve vínculos cristãos posteriores e, mais tarde ainda, islâmicos.

Mesmo assim, um pouco de história: o primeiro templo dos hebreus foi o Tabernáculo, chamado de Templo do Senhor. Situava-se no alto do Monte Moriá, também chamado Monte do Templo, no leste de Jerusalém. Foi construído no local onde Abraão ofereceu seu filho Isaac ao sacrifício, durante o reinado de Salomão. Foi saqueado várias vezes e acabou por ser incendiado e destruído por Nabucodonosor II, que levou todos seus tesouros para a Babilônia.

A ordem para a sua construção foi dada pelo rei Davi, em 1015 a.C. As suas fundações, lançadas em 1012 a.C., 480 anos depois da saída dos judeus, foi concluída em 1005 a.C.

O Templo foi reconstruído após o retorno do cativeiro na Babilônia. Suas fundações foram lançadas em 535 a.C., mas a construção foi interrompida durante o reinado de Ciro e retomada em 521 a.C., no segundo ano de Dario I. Assim, o Segundo Templo seria consagrado em 516 a.C.

Quinhentos anos após esse retorno, o Templo havia sofrido o desgaste natural e os ataques de exércitos inimigos. Foi então que

Herodes, querendo ganhar o apoio dos judeus, propôs restaurá-lo. As obras iniciaram-se em 18 a.C. e terminaram em 65. O Templo foi destruído no ano 73 da era cristã.

Atualmente, o cume do Monte Moriá corresponde à região denominada Haram esh-Sharif. No centro, no local onde ficava o antigo templo, foi construída uma mesquita, chamada Kubbet es-Sahkra (Domo da Rocha), também conhecida como mesquita de Omar. O edifício, com sua vistosa cúpula dourada, construído entre 688 e 691, corresponde ao local que teria sido o altar de sacrifícios usado por Abraão, Jacó e outros profetas que introduziram o ritual nos cultos judaicos. Davi e Salomão também consideraram o local sagrado. Mais tarde, enquanto altar, o Domo da Rocha teria sido o lugar de partida da Al Miraaj (viagem aos céus realizada pelo profeta Maomé) e permanece hoje como um templo da fé islâmica.

Quanto à atual mesquita de Al-Aqsa, situada no Templo do Monte, só viria a ser construída no ano 705, ou seja, 73 anos depois da morte de Maomé, em 632, e reconstruída diversas vezes após ser destruída por terremotos.

Hoje, esses fatos históricos e tantas datas têm de ser relembrados, por absurdo que isso possa parecer, porque o Conselho Executivo da Unesco – Organização das Nações Unidas para a Educação, a Ciência e a Cultura – aprovou, em 13 de outubro de 2017, uma resolução que não reconhece (ou nega, como queiram) qualquer conexão judaica com Jerusalém oriental, portanto com o Muro das Lamentações e o Monte do Templo.

Esse ato de revisionismo proposto pela delegação palestina, apoiada pelos países árabes, foi aprovado com 24 votos a favor, 26 abstenções e 6 votos contra. Estados Unidos, Grã-Bretanha, Lituânia, Holanda, Estônia e Alemanha votaram contra; Rússia e China a favor. O Brasil idem, em companhia de países "democráticos" como Argélia, Bangladesh, Chade, Egito, Irã, Omã, Catar, Sudão, entre outros.

José Serra, na época ministro das Relações Exteriores, havia criticado o voto do meio do ano, por considerá-lo "desequilibrado, anti-israelense". Chegou a anunciar que Brasília mudaria de posição e que

128 ■ A Europa hipnotizada

já tinha obtido o aval do presidente Michel Temer. No meio-tempo, contudo, o governo preferiu continuar a política anti-israelense de seus predecessores, que não raro nos presentearam com escorregões antissemitas. Oficialmente, o Brasil mudou de ideia e votou favoravelmente ao novo texto da resolução porque, embora "inadequado, desequilibrado e parcial" (são as próprias palavras da Delegação brasileira), foi um progresso em relação ao anterior. A embaixadora do Brasil, ao explicar o voto, afirmou estar preocupada com as decisões dos organismos internacionais que sempre jogam a culpa pela violência na região exclusivamente em cima de um dos lados – Israel.

Apesar disso, votou a favor de uma resolução absurda, que colocaria ainda mais lenha na fogueira.

Incompreensível! Ou melhor, tem lá a sua lógica: se a primeira resolução era intolerável, e o Brasil votou a favor, não havia por que votar contra esse novo texto, que era "apenas" péssimo.

A diplomacia tem, entre outras missões, não assoprar na brasa. O Brasil fez o contrário, com todo o fôlego de seus pulmões.

Logo após o voto da Unesco, a Autoridade Palestina comentou que Israel deveria reconhecer o Estado Palestino e Jerusalém como sua capital, com seus locais sagrados muçulmanos e cristãos, sem nenhuma alusão aos judaicos.

Sou, ainda que descrente, favorável à solução de dois Estados e da internacionalização dos lugares sagrados de Jerusalém oriental, sob administração da ONU. Mas também sou, como todos os judeus e apesar de ateu, fruto de uma história, com suas coisas positivas e negativas, seus fatos inquestionáveis.

Por isso, com a aprovação da resolução, me senti ultrajado.

Em locais como o cemitério judaico de Berlim, os nazistas tentaram apagar a presença dos judeus na cidade. Não se contentaram em eliminar fisicamente os judeus, quiseram acabar com a sua memória. Agora, ao se negar a presença judaica em lugares sagrados, querem apagar a história.

Isso tem nome: revisionismo criminoso!

Como lembrou o primeiro-ministro israelense, Benjamin Netanyahu (por quem, repito, nunca tive a menor simpatia), o Arco de

Tito, em Roma, com a sua menorá com sete velas gravadas, é uma prova que não deixa mentir. As esculturas do Arco de Tito fornecem uma das poucas representações contemporâneas dos objetos sagrados do Templo de Jerusalém. A menorá, candelabro de sete braços, e as trombetas são claramente visíveis. A escultura tornou-se um símbolo da diáspora judaica. Trata-se de um arco honorífico do século I localizado na Via Sacra, a sudeste do Fórum Romano; foi construído por volta de 82 pelo imperador Domiciano logo após a morte de seu irmão mais velho, o também imperador Tito, para comemorar as vitórias militares na guerra da Judeia, entre 66 e 73 da nossa era.

Embora tenha desaprovado a resolução a título pessoal, a então diretora-geral da Unesco, a búlgara Irina Bokova, pode ser considerada diretamente responsável pela impostura histórica. Ela foi culpada pelo clima reinante na Unesco, por não ter conseguido se impor em face da radicalização de certos países, sobretudo árabes, que faziam e desfaziam ao bel-prazer. Sob a sua direção, após críticas de 22 países árabes, a Unesco cancelou uma exposição sobre a relação do povo judeu com a Terra Santa, em janeiro de 2014. A mostra tinha por título "Povo, livro, terra: a relação de 3.500 anos do povo judeu com a Terra Santa".

De acordo com a carta enviada por Irina Bokova aos curadores do Centro Simon Wiesenthal, a razão do cancelamento da exposição foi o "profundo compromisso da Unesco com o processo de paz".

Balela!

A diretora-geral reconheceu, em *petit comité*, não ter outra alternativa senão levar em consideração as "observações" do grupo árabe.

Levar em consideração é uma coisa, ser capacho é outra.

E dizer que essa senhora teve a desfaçatez de apresentar sua candidatura à Secretaria-Geral da ONU!!!

O pior é que Irina Bokova, quando eleita, era mais "palatável" que seu adversário Farouk Hosni, o candidato egípcio ao cargo de diretor-geral da Unesco (apoiado pelo Brasil), que, como ministro da Cultura de seu país, mandou atear fogo nos livros escritos em hebraico. Ele nunca engoliu o acordo de paz assinado por Sadat e Begin.

A Unesco, que declarou inúmeras vezes que o sionismo era uma forma de racismo, tem por missão promover a coexistência entre as diferentes culturas do mundo.

Como lembrou Bernard-Henri Lévy, em entrevista à *Folha de S.Paulo*, "a ONU e a Unesco foram durante muitos anos agentes da propaganda antissionista".

Suprema ironia...

SOM, SABOR E DESENCONTROS

Quem, em Israel, na Cisjordânia e na Faixa de Gaza, não perdeu um familiar ou um amigo próximo no interminável conflito entre judeus israelenses e palestinos? Esses raros felizardos podem ser contados nos dedos, provavelmente de uma só mão.

Lá se vão mais de 70 anos que os dois povos se digladiam, intermeados de alguns poucos momentos de relativa calma. Nesse período, a esperança revezou com o ódio e a violência, insuflados por uns e outros. Aconteceram guerras, atentados e intifadas. Houve também o interregno dos Acordos de Oslo, ratificados em Camp David e imortalizados no aperto de mãos nobelizado do sorridente Arafat e do enojado Rabin. Houve também iniciativas individuais de aproximação. Alguns maestros humanistas, como Lorin Maazel e Daniel Barenboim, reuniram músicos palestinos e israelenses em uma orquestra, de cujos instrumentos saíram notas com som de paz. Os chefes Yotam Ottolenghi e Sami Tamimi, um judeu outro palestino, ambos nascidos em Jerusalém, publicaram o livro de receitas *Jerusalém*, depois de terem constatado o quanto a culinária os unia.

Suas receitas mergulham numa mistura de culturas e origens religiosas e geográficas (persa, libanesa, polonesa, italiana, alemã, marroquina) e também em seus gostos compartilhados (vegetais, azeite de oliva, suco de limão, legumes recheados).

Jerusalém é uma viagem culinária, em que são apresentados pratos tradicionais, alguns revisitados e adaptados, sempre respeitando a integridade cultural.

Entre as receitas simples e apetitosas, temos:

Beco sem saída ■ 131

Panquecas de cuscuz marroquino

- Ingredientes

  - 1 xícara de sêmola para cuscuz
  - 1 xícara de caldo de legumes (de preferência feito em casa)
  - 3 colheres de sopa de azeite de oliva
  - 1 cebola média picadinha
  - 2 tomates maduros e sem sementes picadinhos
  - 1 colher de sopa de extrato de tomate
  - Sal e pimenta a gosto

- Modo de preparo

  - Ferva o caldo de legumes, desligue o fogo e acrescente a sêmola para cuscuz e deixe descansar por cerca de 10 minutos até que os grãos amoleçam.
  - Enquanto isso, em uma frigideira antiaderente, refogue a cebola e os tomates em 2 colheres de azeite até que fiquem dourados e macios. Acrescente, então, o extrato de tomate, mexa bem e desligue o fogo.
  - Misture o molhinho de tomate que acabou de preparar ao cuscuz e acerte o sal e a pimenta. O cuscuz vai ficar alaranjado e um pouco grudento.
  - Mude o fogo de baixo para médio. Passe um papel toalha na frigideira antiaderente, coloque um pouquinho de azeite e forre o fundo da frigideira com uma camada de cerca de 3 mm de cuscuz. Pressione com as costas de uma colher para que forme uma crosta mais firme do lado da panqueca em contato com a frigideira. Aqui em casa esse processo durou cerca de 4 minutos e fiz só de um lado mesmo.
  - Retire as panquecas da frigideira com a ajuda de uma espátula. Sirva mornas.

Tempo de preparo: 30 minutos

Rendimento: 4 panquecas de 15 cm de diâmetro

Bom apetite!

Infelizmente, a história de judeus e árabes palestinos vai muito além do forno e fogão, do saboroso encontro entre Ottolenghi e Tamimi. É uma história de desencontros.

Com os Acordos de Oslo, assinados em setembro de 1995, houve a expectativa de dois Estados, lado a lado. Mas isso pertence ao passado. Arafat, Rabin e Shimon Peres morreram. Rabin assassinado por um colono judeu. E o que se vê hoje é um misto de ira, fel, ojeriza, indignação e, sobretudo, desesperança. Um coquetel explosivo.

A região vive sob o clima do medo. Os israelenses temem que o inimigo possa estar escondido na esquina, incógnito. A faca, que deveria servir para preparar o faláfel, uma receita comum, hoje mata.

Analistas aventam a hipótese de uma nova intifada. No entanto, o que mais se vê é uma sucessão de atos de desespero, individuais, desorganizados. Os palestinos não formam um exército e os árabes não estão dispostos a mexer uma palha por eles.

Fruto desse medo comum, totalmente compreensível, os palestinos estão perdendo seus empregos em Israel. E assim, são ejetados para os territórios ocupados, do outro lado do muro. Os israelenses preferem contratar refugiados, sobretudo eritreus.

Na Faixa de Gaza, devastada, bloqueada por Israel e Egito, o desemprego supera os 60% e a única atividade ainda rentável é o contrabando. Na Cisjordânia ocupada, a porcentagem de desocupados era de 18% em 2015, mas com a demissão dos palestinos que trabalham em Israel o número cresceu. No total, um quarto dos palestinos vive em situação de miséria absoluta. E só 35% da ajuda internacional prometida foi entregue.

No entanto, o Hamas, em Gaza, continua a defender a destruição do Estado hebreu, a construir túneis e a lançar seus foguetes, com o único objetivo de instigar uma resposta violenta, uma reação israelense.

Os palestinos do Hamas são movidos pela "certeza histórica" de que um dia, talvez distante, mas que chegará sem dúvida, a colonização de suas terras pelos israelenses cessará. Assim como desapareceram as colônias francesa, inglesa, belga, holandesa. Para eles, a presença dos judeus na Palestina é apenas um resquício incongruente do colonialismo. Por isso, mais dia menos dia, eles deixarão aquela terra. Seria apenas uma questão de tempo.

Do lado israelense, Benjamin Netanyahu se desvencilhou das amarras que faziam com que ele conservasse uma pitada de sabedoria. Sempre que pode, cutuca. Num momento de pleno delírio, chegou a responsabilizar o então mufti de Jerusalém por ter dado a Hitler a ideia do Holocausto. Dessa forma, não apenas provocou de maneira insana os palestinos muçulmanos, até os mais moderados, como feriu todos os judeus de dentro e de fora de Israel. E ainda teve de ouvir, da boca de Angela Merkel, o óbvio: "A responsabilidade pelo Holocausto é nossa e só nossa, a saber, dos alemães."

Com essas acusações, Bibi quis colocar mais lenha na fogueira. Desnecessário, o fogo já se propagou há muito tempo. E pelo jeito ele foi um dos únicos a não ter se dado conta.

O que quer Netanyahu, entrar com tanques em Ramalá? Ocupar Al-Aqsa? A única esperança é que os israelenses sejam um pouco mais sábios que seu primeiro-ministro. Felizmente o são.

Afinal, a urgência, hoje como ontem, é reatar o diálogo. Mas a desesperança é tamanha que qualquer alusão ao diálogo soa falsa.

Ninguém mais aposta um centavo na "solução" de dois Estados a curto prazo.

A hipótese de um Estado binacional também abortou, pois significa que os judeus aceitariam viver numa terra em que são minoria. Inconcebível.

Há, enfim, aqueles que defendem a tese de uma Confederação palestina, incluindo a Jordânia (e talvez o Egito), o que no contexto não passa de um mero exercício de absurdo.

A lei votada pela Knesset em julho de 2018, transformando Israel em um Estado judeu, é mais uma prova de que se está fechando os caminhos da paz.

As palavras da declaração de independência de Israel foram enterradas:

Nós fazemos um apelo – em meio ao duro ataque lançado contra nós há meses – aos habitantes árabes do Estado de Israel para manter a paz e participar da construção do Estado na base de igual e completa cidadania e através de representação em todas as suas instituições provisórias e permanentes.

Para os palestinos, a criação de Israel é vista ainda hoje como o último capítulo do processo de colonização no mundo; para os israelenses, se trata do reconhecimento tardio de um direito nacional. As posições são irreconciliáveis.

Por isso é mais urgente do que nunca recorrer a pessoas sensatas como o saudoso Amós Oz:

> O conflito palestino-israelense é um choque trágico entre dois direitos. Os judeus israelenses não têm nenhum outro lugar aonde ir, e os árabes palestinos tampouco têm nenhum outro lugar aonde ir. Não podem se unir em uma grande família feliz, porque não o são, nem são felizes nem são uma família: são duas famílias desgraçadas. Creio firmemente em um compromisso histórico entre Israel e Palestina, uma solução de dois Estados. Não uma lua de mel, e sim um divórcio justo, que coloque Israel ao lado da Palestina, com Jerusalém Ocidental como capital de Israel, e Jerusalém Oriental como capital da Palestina. Algo similar ao divórcio pacífico entre checos e eslovacos.
>
> O conflito entre judeus israelenses e árabes palestinos é uma tragédia. É um conflito entre o certo e o certo. Tragédias se resolvem de duas maneiras. Há a maneira shakespeariana de resolver uma tragédia. Ao final o palco está coberto de cadáveres, mas a justiça prevalece. E há também a maneira tchekhoviana de resolver uma tragédia. Ao final, todos estão decepcionados, desiludidos, amargos, de coração partido, melancólicos, mas vivos. Meus colegas do movimento de paz em Israel e eu procuramos uma solução tchekhoviana e não shakespeariana para o problema, o que significa uma concessão, não uma lua de mel. Não queremos amor. Nunca acreditei no lema "faça o amor, não a guerra", porque o contrário de guerra não é o amor, o contrário de guerra é a paz. Não é preciso haver amor entre os inimigos para que haja paz, para que eles parem de atirar e matar e comecem a viver como vizinhos. Só precisamos de paz, não necessariamente de amor.
>
> Com relação aos palestinos, meu lema é "faça a paz, não faça amor".

IMAGENS TRISTEMENTE REAIS

Maio de 2018: estou entre a cruz e a espada, entre os meus amigos judeus, que jogam toda a responsabilidade do conflito na Faixa de Gaza sobre os ombros do Hamas, e meus amigos de esquerda, que abominam a atitude de Israel, chegando a considerá-lo um Estado genocidário. Confesso que hesitei muito antes de me manifestar, mas acho que chegamos a um ponto em que um mínimo de razão e equilíbrio é bem-vindo.

Por um lado, não pode haver a menor dúvida sobre a atitude provocadora e desumana do Hamas, que incita mulheres, velhos e crianças a se manifestar na linha de frente da zona de fronteira. O objetivo do movimento terrorista implantado em Gaza é muito claro: provocar uma resposta "desproporcional", um massacre de preferência, e assim mostrar ao mundo que Israel é um país assassino, que não respeita nada nem ninguém, colonizador, e que portanto não deve ter reconhecido o direito à existência.

Nesse jogo, que já dura anos e anos, o Hamas é mestre. Sempre agiu dessa maneira. Coloca velhos, mulheres e crianças na linha de frente para servirem de bucha de canhão; depois publicam fotos pavorosas nos jornais do mundo inteiro com o intuito de chocar a opinião pública e, assim, mostrar o quanto os judeus são cruéis.

Invariavelmente, o governo israelense entra de corpo e alma na provocação. Sobretudo quando tem o sinal verde incondicional de Washington, o que passou a ser o caso desde que Trump assumiu a Casa Branca. A respeito, Trump não podia ter escolhido pior momento para transferir a embaixada norte-americana para Jerusalém, no dia de comemoração dos 70 anos da Naqba (a catástrofe), 15 de maio, um dia negro para os palestinos, em meio à tensão internacional provocada pela saída dos Estados Unidos do acordo nuclear iraniano. Deu no que deu, mais de uma centena de mortos e milhares de feridos.

Os palestinos de Gaza, ao querer atravessar a fronteira, reclamavam o direito ao retorno a uma terra que consideram ser sua. Algo que obviamente é considerado inadmissível por Israel.

Não se pode negar, no entanto, que eles foram expulsos de onde viviam, por determinação pessoal de Ben-Gurion. A expulsão se inscreve no ato fundador do Estado hebreu, da mesma forma como a decisão dos árabes de não aceitar a partição da Palestina, como é indiscutível a colonização atual de territórios ocupados, como é trágico o bloqueio da Faixa de Gaza (por Israel e Egito) e a administração do Hamas.

Nesse ponto, meus amigos judeus diriam: – Mas nós estávamos lá antes... Aí então entramos no debate surreal sobre o que veio primeiro, o ovo ou a galinha. Não existe resposta possível, pois há, tanto entre palestinos como israelenses, o sentimento de que aquela terra lhes pertence.

De forma geral, os judeus da diáspora têm dificuldade em aceitar críticas ao Estado hebreu. No entanto, os israelenses – sobretudo de centro-esquerda – são muito menos condescendentes com o governo.

Defensor da solução de dois Estados, o jornalista Ari Shavit, ex-editor do *Haaretz*, escreveu no seu fabuloso livro *Minha Terra Prometida: o triunfo e a tragédia de Israel*:

> A questão que se coloca não é da terra em troca da paz. Aqui a questão é da troca da terra pela nossa dignidade. A terra em troca da nossa humanidade. A terra em troca da nossa alma.

Shavit coloca o dedo na ferida. Nesses conflitos, os judeus e o judaísmo estão perdendo a alma...

> Antes, Israel respeitava os direitos humanos e a democracia liberal. Mas nesses últimos anos, uma pressão crescente reina no coração da democracia israelense. A ocupação (dos territórios da Cisjordânia) pesa do ponto de vista moral. Os valores democráticos, tidos como inabaláveis, não fazem parte da cultura das minorias ultraortodoxa e russa. O medo cada dia maior da minoria árabe não provoca solidariedade e sim xenofobia e racismo. A ocupação, o conflito sem trégua, o código desintegrador do sionismo humanista levam forças sombrias a ameaçar a nação. As ideias semifascistas de uma franja da direita dos anos 1930 agora são aprovadas por políticos de primeiro plano, no seio dos partidos de governo.

Voltemos aos incidentes de Gaza. Se de um lado, como disse, a responsabilidade do Hamas é inquestionável, de outro a questão da resposta israelense se coloca. Não é com balas reais que se reprime uma manifestação de pessoas armadas, sobretudo, com pedras e estilingues, do outro lado de uma cerca fronteiriça. Devem existir outros meios: bombas de efeito moral, de gás lacrimogêneo, jatos d'água, balas de borracha. Os especialistas sabem como reprimir sem matar ou matar o menos possível.

Argumenta-se que o Exército israelense não é formado para reprimir manifestantes, e sim para combater outras Forças Armadas. Acontece que esse tem sido seu papel ao longo do tempo. Então, não há outra solução senão formá-lo. Há urgência, ainda mais que a resistência palestina deve se acirrar num futuro próximo, tendo como pano de fundo a luta interna pelo poder, visto a idade avançada e o estado de saúde precário do presidente da Autoridade Palestina, Mahmoud Abbas. O Hamas irá, sem dúvida, intensificar suas ações contra Israel para ganhar apoio popular e tentar tomar o poder. Tem chance de sucesso.

Em resposta, Israel não tem o direito de agir com a extrema violência de suas intervenções atuais, não pode continuar a matar crianças indiscriminadamente, mesmo que elas estejam na linha de frente, incitadas pelo Hamas. Nós, judeus, devemos ter a coragem de reconhecer quando erramos. Bibi já deveria ter aprendido a lição de Menachem Begin, da direita dura como ele.

É com o inimigo que se negocia. Não há outra solução, se é que ainda existe alguma.

Há, enfim, a questão – evocada, sobretudo, nas redes sociais – da manipulação da informação pela grande imprensa, no mundo todo, contra Israel. Ao comentar em vídeo os incidentes de Gaza, uma jornalista, muito conhecida aliás, dizia: "Esqueçam todas as imagens que vocês viram até agora sobre o conflito. É tudo mentira."

É fato que há uma quantidade alucinante de *fake news*, mas infelizmente nem tudo é mentira, muitas imagens que nos chegam – e nos chocam – são reais, tristemente reais.

ADMIRÁVEL VELHO MUNDO NOVO

*" ... a palavra verdade precisa de tantas aspas
que a sua ausência é mais forte que sua presença."*

Toni Morrison

A EUROPA FACE AOS PERIGOS DO MUNDO

Mais de 70 anos depois do fim da Segunda Guerra Mundial, a Europa está impotente, confrontada a uma situação geopolítica totalmente inédita que ameaça sua segurança. À leste, a Rússia, novamente agressiva, e a China conquistadora. Ao sul, a pressão migratória e o endurecimento da Turquia de Recep Erdogan. À oeste, a traição dos amigos: a Grã-Bretanha bateu a porta, enquanto os Estados Unidos tratam o Velho Continente com desdém.

Emmanuel Macron bem que tentou seduzir Trump e Putin. Em vão.

Com o fim da Guerra Fria, a União Europeia, criada no sonho da convivência pacífica, voltou a acreditar num mundo sem inimigos, como se o multilateralismo fosse resolver todos os problemas. Conclusão: hoje a Europa se sente desprotegida, está isolada em face dos três grandes polos de poder: China, Estados Unidos e Rússia. Isso sem falar de suas divisões internas. Macron e Merkel gostariam de relançar e aprofundar a integração europeia, política, fiscal e social. Ao contrário, o bloco formado entre outros pelo italiano Salvini e pela Hungria de Orbán milita por uma Europa de nações, em que cada país preservaria a sua soberania, protegeria e fecharia as suas fronteiras. A França quer impor o modelo de laicidade, Hungria e Polônia defendem os alicerces cristãos. Os europeus discordam até mesmo sobre o respeito dos princípios democráticos, considerados até ontem intocáveis. Hoje, um em cada quatro europeus vota em candidatos populistas.

E como se não bastasse, Bruxelas sabe que não pode mais contar com Washington para garantir a sua segurança. O x da questão é que a França não consegue sozinha assegurar a defesa da Europa; precisa do apoio da Grã-Bretanha (França e Grã-Bretanha são as duas potências nucleares europeias). Mas Londres é carta fora do baralho por causa do Brexit. Então o que fazer? Diante das suas divisões internas, o bloco parece propenso, uma vez mais, a se abandonar nos braços da Otan, a Aliança Atlântica, fundada em torno dos Estados Unidos.

Os analistas são unânimes: esse seria o fim da grande Europa sonhada por seus criadores. A independência da Europa em matéria de segurança é, portanto, uma questão de vida ou morte, raros porém são os seus líderes a se preocupar com a questão.

MOSTAR, A ILUSÃO PERDIDA

Muito embora tenha feito reportagens em zonas de conflito, como na Irlanda do Norte, Romênia e Iugoslávia, a exemplo de meus colegas jornalistas brasileiros em Paris, não posso dizer que fui correspondente de guerra. Li e reli os relatos de Ernest Hemingway sobre a Guerra Civil Espanhola e o desembarque das forças aliadas na Normandia, apreciei sua narrativa simples, econômica e direta, porém nunca me senti atraído por esse tipo de cobertura.

Foi inevitável, contudo, ver corpos espalhados pelas ruas, imagens dificilmente suportáveis que até hoje me acordam em sobressalto.

Numa dessas ocasiões, relatei a descoberta das valas comuns de Timisoara, onde supostamente estavam os corpos de milhares de opositores ao regime comunista de Nicolai Ceaucescu, como afirmavam as notícias da agência iugoslava Tanjug. *Fake news*! Na verdade, eram corpos de indigentes, desenterrados do cemitério dos pobres da Romênia e apresentados à imprensa internacional, "por coincidência", no momento em que as tropas norte-americanas invadiam o Panamá, deixando dois mil mortos, diante da indiferença geral. Foi um dos maiores "furos" (no mal sentido da palavra) da mídia mundial, com manchetes alucinadas: *Boucherie*, Carnificina, publicou *Libération*; *The New York Times* anunciou 4.500 corpos encontrados; *El País* inventou câmaras de tortura e rostos desfigurados com ácido; o semanário *L'Événement du Jeudi* comparou Ceaucescu a um vampiro e exclamou em negritos: *Dracula est communiste!*

Fato é que durante 7 dias, em plena efervescência anticomunista, 70 pessoas (opositores de verdade) foram mortas e 350 feridas nessa cidade romena de 350 mil habitantes. Na noite de 18 para 19 de dezembro de 1989, 43 cadáveres foram evacuados do hospital de Timisoara e cremados secretamente no subúrbio de Bucareste, pelas tropas fiéis ao regime. Foi então que as famílias das vítimas começaram a procurar os desaparecidos por todo canto. Neste contexto de extrema confusão, em meio à implosão do império soviético, as valas comuns do tristemente famoso cemitério dos pobres da rua Lipovei foram escavadas, os corpos dos indigentes exumados e apresentados aos jornalistas do mundo inteiro. Nenhuma relação, portanto, com a repressão sangrenta ordenada por Ceaucescu. Num primeiro momento, porém, anunciou-se a descoberta como sendo dos corpos dos opositores ao regime.

Houve manipulação? Provavelmente sim, mas até hoje há debate.

A cada vez que penso nos conflitos que cobri, a imagem que me vem à mente não é a dos corpos, e sim de uma ponte destruída: Stari Most, ligando as duas partes da cidade de Mostar, na Bósnia Herzegovina.

A primeira vez que visitei a cidade foi em junho de 1983, após ter coberto uma reunião da Cnuced (Conferência das Nações Unidas sobre Comércio e Desenvolvimento), em Belgrado. Fiquei encantado com a ponte do século XVI sobre o rio Neretva e com a aparente paz ali reinante. Todas as diferentes comunidades, etnias e religiões pareciam conviver em perfeita harmonia naquela caldeira que era a Confederação iugoslava. A cidade, excepcional pelo conjunto de edifícios otomanos e suas inúmeras mesquitas, era famosa pela *douceur de vivre* e a pujança econômica.

Na ocasião, visitei a célebre Casa Čardak, ou Casa Turca, alma da cultura otomana no país comunista, onde fui recebido com doces típicos, chás de menta e maçã e uma hospitalidade rara, em presença de vizinhos não muçulmanos. Tive ali a sensação de penetrar no Oriente sem sair da Europa (sensação que voltei a ter anos depois na ponte sobre o Bósforo, ligando os dois lados de Istambul, oriental e europeu).

Dessa rápida estadia, em companhia de um casal de esquerdistas chilenos (ele tinha conhecido Che), levei a impressão de que a "democracia popular" era compatível com uma certa liberdade e respeito das diferenças, e que a Iugoslávia de Tito podia servir de exemplo para o mundo "não alinhado". Afinal, ali os conflitos multiétnicos haviam sido apaziguados.

Quanta ingenuidade! Ao primeiro espirro a máscara caiu e o país implodiu. A República Federal Socialista da Iugoslávia só sobreviveu enquanto reinou a mão de ferro do marechal e seu exército de 800 mil homens. Mostar era uma bela e grande mentira, uma trapaça. No fundo, as diferentes comunidades se odiavam. Os vizinhos, que davam a impressão de se entender às mil maravilhas, se odiavam.

Foi assim que, 11 anos após a morte de Josip Broz Tito, os conflitos separatistas – Eslovênia, Croácia, Kosovo, Sul da Sérvia, Macedônia – tomaram conta da região, um após o outro como um castelo de cartas. Foram as guerras mais sangrentas em território europeu desde 1945: 300 mil mortos e milhões de refugiados.

A guerra da Bósnia Herzegovina estourou em 1992 e durou até 1995. Três campos se enfrentaram: os sérvios bósnios, implantados nas montanhas, os croatas e os bósnios, eslavos muçulmanos, bloqueados no gueto da cidade velha. Em 9 de novembro de 1993, um obus croata se abateu sobre Stari Most, destruindo a ponte otomana, símbolo da cidade. É a imagem que guardo até hoje.

Longe dos conflitos iugoslavos, a Bósnia, que não estava militarmente organizada, optou pela passividade. Foi apenas dois anos após o início da guerra que os bósnios reagiram, enfrentando as forças croatas. Até o fatídico 9 de novembro, quando então os croatas destruíram a velha ponte, a fim de prevenir toda tentativa bósnia de atacar a parte ocidental da cidade.

A ação foi condenada pela comunidade internacional e provocou consternação, inclusive entre os habitantes croatas de Mostar, apegados ao símbolo da cidade.

Os Acordos de Washington, por iniciativa do presidente americano Bill Clinton, colocariam um ponto final nos enfrentamentos.

Anos depois, equipes mistas croatas e bósnias, com ajuda de uma empresa turca, reconstruíram Stari Most e o bairro otomano vizinho. Na nova ponte, idêntica à original, de 1566, foram reutilizadas as pedras brancas recuperadas dos escombros, de acordo com as técnicas ancestrais. Inaugurada em 22 de julho de 2004, foi inscrita na lista do Patrimônio Mundial da Unesco.

Tensões esporádicas persistem até hoje. Em 2008, o jogo das quartas de final do campeonato europeu de futebol, na Áustria, entre Croácia e Turquia, terminou em pancadaria. A instalação de uma cruz no alto de Mostar, pela comunidade croata, provocou manifestações violentas da parte dos bósnios muçulmanos.

Quanto à ponte, continua linda, deslumbrante e merece ser vista, mesmo não sendo a original. Para os habitantes de Mostar, ela permanece um símbolo. Mas, para mim, aquela que representou um dia a esperança de uma vida em harmonia e a ilusão do respeito das diferenças deixou de existir. Aquele foguete croata a destruiu para sempre.

DÉFICIT DE FELICIDADE

Mais de um quarto de século após a implosão da União Soviética, o mínimo que se pode dizer é que o nível de satisfação na Rússia (e em outros países do antigo bloco soviético) é baixo e que o outrora entusiasmo popular com a democracia e a economia de mercado hoje oscila.

De acordo com uma pesquisa de opinião publicada em 2016, só 15% dos russos consideravam que seus lares usufruíam de uma qualidade de vida melhor que durante o comunismo; ou seja, a metade dos 30% de 2010, data do estudo anterior.

Nos antigos Estados soviéticos, pouco mais de 50% dos entrevistados acreditavam que a volta a um sistema mais autoritário seria melhor. Foram estudos realizados pelos seríssimos Banco Europeu para a Reconstrução e o Desenvolvimento (BERD) e Banco Mundial.

O BERD, criado há mais de 25 anos para investir em antigas nações comunistas, consultou cidadãos de todo o ex-bloco soviético, durante mais de uma década, para o seu projeto Vida em Transição, e visitou 51 mil lares em 34 países, da Estônia à Mongólia.

A instituição descobriu, então, que há, de fato, um "déficit de felicidade" na Europa oriental, em Estados bálticos e centrais do Velho Continente. Mas atenção, não se trata de uma exclusividade de ex-países comunistas. Também há um alto nível de insatisfação em países como a Alemanha e a Itália.

Segundo o economista-chefe do BERD, o estudo também indicou que os países só podem fazer uma transição bem-sucedida, de economias estatizadas para sistemas de mercado mais abertos, se o processo "for visto como justo e benéfico para a maioria". O que aparentemente não aconteceu.

Conclusão: "Se o público não vir os benefícios das reformas, no final das contas elas não serão bem-sucedidas."

Um dos principais fatores do baixo nível de satisfação das pessoas é o medo de perder o emprego.

Ainda segundo a pesquisa, o apreço das pessoas pela democracia e pela economia de mercado diminui. De onde se deduz: "Neste momento, nos países da ex-URSS, a maioria parece não preferir a democracia a um governo autoritário."

Desde a queda dos preços do petróleo, em 2014, e as sanções impostas pelo Ocidente pela invasão da Crimeia e do leste da Ucrânia, a Rússia esteve atolada na recessão, que reduziu os padrões de vida.

As pessoas esgotaram as economias, cortaram itens como carnes e peixes, passaram a cultivar seus próprios hortifrútis e a comprar *boyaryshnik*, "espinheiro" em russo, um substituto barato da vodca. O rótulo da bebida alerta para o fato de que se trata de óleo de banho e para o risco da ingestão do conteúdo, mas todos sabem que o óleo é fabricado para ser a "vodca dos pobres". Em certas regiões, como em Irkutsk, o "espinheiro" se tornou a principal causa de morte. É uma bebida ilícita, num país cujo mercado de bebidas alcoólicas conta 20% de produtos clandestinos, vendidos sem nenhum controle sanitário. Após inúmeras mortes devido ao "espinheiro", descobriu-se que os produtores utilizam metanol em vez de etanol na preparação do *boyaryshnik*.

Uma dose de metanol, por menor que seja, pode ser fatal, pois destrói o sistema nervoso central, incluindo o nervo ótico.

Vladimir Putin, que prometeu uma vida melhor para todos os russos, estabeleceu uma série de metas para 2020: 70% dos 143 milhões de habitantes ingressariam na classe média, o salário médio subiria para 40 mil rublos por mês (mais de US$ 1.000 na época da promessa), a expectativa de vida passaria a ser de 75 anos. Hoje, porém, a classe média se limita a 50% da população, a média salarial é de menos de 600 dólares. Como em outros países, os muito ricos ficaram muito mais ricos e os pobres ainda mais pobres. Em algumas regiões, como na Sibéria, a esperança de vida é de 67 anos (59 para os homens) contra 77 anos em Moscou.

Para esquecer as promessas não cumpridas, os russos não têm outra saída: bebem *boyaryshnik*.

A DANÇA ANTIPATRIÓTICA DE TRUMP

O controverso presidente norte-americano, hipernacionalista, protecionista e (diga-se de passagem) péssimo dançarino, Donald Trump escolheu, para abrir o baile de posse, tendo Melania em seus braços, uma das canções mais famosas de Frank Sinatra: "My way", uma das três músicas mais ouvidas no mundo (e a primeira a ser tocada nos funerais na Grã-Bretanha) ao lado de "Yesterday", dos Beatles, e "Georgia on my mind", de Ray Charles.

O que provavelmente Trump e o pessoal do cerimonial da Casa Branca desconheciam é que, ao escolher essa balada, estavam dando *royalties* à família francesa François.

"My way", que Sinatra ao que consta detestava, é uma versão americana de "Comme d'habitude", do cantor e compositor francês Claude François (um dos primeiros a utilizar dançarinas nos seus shows, precedendo as nossas chacretes), imenso sucesso em Paris em 1967. A versão americana foi composta por Paul Anka (aliás, canadense) e popularizada por The Voice a partir de 1969.

De passagem por Paris, Paul Anka levou na bagagem uma cópia do disco de Claude François. Comprou os direitos e, meses depois, adaptou a canção francesa com uma narrativa diferente: a retrospectiva da vida de um homem maduro que rememora momentos marcantes e constata: *I did it my way*. Eu fiz à minha maneira.

A versão de Paul Anka ainda foi interpretada pelo próprio Claude François, por Elvis Presley, Nina Simone, Tom Jones, Ray Charles, Nina Hagen e até pelo tenor Luciano Pavarotti.

> And now, the end is near
> And so I face the final curtain
> My friend, I'll say it clear
> I'll state my case, of which I'm certain
> I've lived a life that's full
> I've traveled each and ev'ry highway
> And more, much more than this
> I did it my way
>
> Regrets, I've had a few
> But then again, too few to mention
> I did what I had to do
> And saw it through without exemption
> I planned each charted course
> Each careful step along the byway
> And more, much more than this
> I did it my way

Yes, there were times, I'm sure you knew
When I bit off more than I could chew
But through it all, when there was doubt
I ate it up and spit it out
I faced it all and I stood tall
And did it my way

I've loved, I've laughed and cried
I've had my fill, my share of losing
[...]

Quando um jornalista francês perguntou a Trump o porquê de ele ter escolhido uma canção francesa, o presidente recém-eleito respondeu bem ao seu estilo: *fake news*!

Donald Trump, claro, nunca tinha ouvido falar em Claude François.

Assim, o baile oficial da posse do sucessor de Barack Obama foi aberto com um deslize antipatriótico daquele que clamou aos quatro ventos: *Americans First!*

A UBERIZAÇÃO DO MUNDO

Na esteira de Marx, Lenin anunciou o fim do capitalismo; Schumpeter, economista e professor austríaco naturalizado norte-americano, conhecido por suas teorias sobre as flutuações econômicas, fez a mesma previsão, o fim do capitalismo, que seria "devorado pela burocracia".

Nada disso aconteceu até agora e eis que vários autores contemporâneos fazem a mesma previsão: o geógrafo David Harvey, em *17 contradições e o fim do capitalismo*, requenta as ideias do pensamento marxista; em *Vidas e morte do capitalismo*, Robert Kurz afirma que o enterro do sistema está em curso; o sociólogo alemão Wolfgang Streeck anuncia a sua morte iminente: "O capitalismo como modo de produção histórico é um sistema que vai terminar, seu fim está próximo, já vivemos o começo deste final anunciado."

Streeck sustenta uma visão fatalista, segundo a qual o capitalismo está a caminho da implosão por suas próprias contradições, o que abrirá inexoravelmente uma nova etapa de barbárie. Ao contrário de Marx, ele descarta a perspectiva de uma revolução social. A única alternativa supostamente realista, segundo ele, seria "desglobalizar" o capitalismo e restaurar a soberania do Estado-nação frente aos "mercados", um flerte perigoso com o nacionalismo, que ganha terreno nos extremos da política: direita e esquerda.

Outros autores, enfim, anunciam o fim da propriedade privada, do lucro e o advento da era do "tudo gratuito", baseado no modelo Wikipédia.

Todos os anos, cerca de 2 mil *geeks* de todo o mundo, os mais fervorosos colaboradores da Wikipédia, encontram-se para uma espécie de celebração da "liberdade de informação". Cantam, dançam, discursam. Um entusiasmo que, para a esmagadora maioria, não é sequer remunerado. A Wikipédia tem quase 40 milhões de páginas, 28 milhões de utilizadores registrados, é o sétimo site mais visitado do mundo e, no entanto, emprega apenas 250 pessoas. Praticamente 100% do trabalho de edição é feito pelos 120 mil colaboradores voluntários, que não cobram um centavo pelos serviços prestados. Todos os dias, milhões de empresas em todo o mundo realizam transações com a Wikipédia. Se fosse uma empresa privada, faturaria cerca de 2,8 bilhões de dólares por ano.

Wikipédia funciona à margem do mercado, foge da lógica da oferta e procura. Por isso, é vista por muitos como uma nova forma de organização econômica e empresarial, baseada na tecnologia da informação, na abundância e na colaboração em rede.

A partir daí, certos estudiosos preveem o surgimento de um novo tipo de sociedade solidária, que viria a colocar em xeque o modelo neoliberal.

Seu papa é o americano Jeremy Rifkin. Considerado o principal teórico da Terceira Revolução Industrial, ex-conselheiro de inúmeras personalidades, sobretudo europeias, como a chanceler alemã Angela Merkel, Rifkin defende a ideia de que graças à inteligência artificial e às redes sociais, o comunitarismo substituirá o individualismo, o coletivo substituirá o individual e passaremos do mercantil ao gratuito, da concorrência à cooperação, da obsolescência programada à sustentabilidade, do egoísmo ao altruísmo etc.

A se acreditar que em breve viveremos no melhor dos mundos...

Será que chegamos à encruzilhada do capitalismo anunciada por Karl Marx e que as novas tecnologias vão nos propulsar à utopia socialista?

Ao que parece, o momento atual aponta na direção inversa. Vivemos, como diz o filósofo francês Luc Ferry, a "uberização" de um mundo onde o modelo é a Airbnb, uma empresa que valorizou, em poucos anos, 30 bilhões de dólares. A economia moderna, que rege as relações sociais, é a da desregulamentação, da concorrência desleal, da falta de regras. Os hoteleiros que o digam! Pagam encargos sociais, têm empregados assalariados, devem obedecer a regras de segurança e a outras normas draconianas. Enquanto os particulares só têm satisfação a dar aos locatários. E olhe lá!

Airbnb, do mesmo modo que a Uber, é um dos melhores exemplos do capitalismo selvagem do século XXI, a marca registrada do triunfo do ultraliberalismo apregoado pelos *Chicago's boys*.

A vitória é esmagadora. Dois prêmios Nobel de Economia, Milton Friedman e Friedrich Hayek, previram, há mais de quatro décadas, o que muitos qualificavam de devaneio: a livre criação e circulação de moedas. Ora, em 2009, o *bitcoin* se tornou uma realidade. E ainda por cima, virtual.

Alguns governos europeus tentam reagir ao avanço desse "mundo sem leis", mas a resistência é frágil e talvez tardia.

Até nos países campeões da burocracia, como a França, a desregulação ganha terreno. Reformar hoje significa "flexibilizar" o mercado, em outras palavras, acabar com as regras que "emperram" a economia, terminar com os benefícios de certos setores de trabalhadores, varrer os sindicatos, inviabilizar a contestação. Enquanto isso, as populações parecem anestesiadas, hipnotizadas. E quando reagem é porque são insufladas pela extrema-direita.

Diante da realidade dessa Terceira Revolução Industrial, das redes sociais onde vale tudo, os apóstolos do fim do capitalismo parecem utopistas, sonhadores condenados a passar o resto de suas vidas rezando para que a predição se realize.

Quem sabe, num dia longínquo...

Hoje, por mais otimistas ou pessimistas que sejam, vivem o pesadelo da uberização.

O MILK-SHAKE ESQUIZOFRÊNICO

Junho de 2018: a crise financeira global de dez anos atrás passou. Todos os indicadores econômicos estão no azul. Os "mercados" nunca estiveram tão otimistas.

O Fundo Monetário Internacional revisou para cima as previsões de crescimento e o PIB está aumentando em praticamente todos os países do mundo.

As Bolsas batem recordes. Consome-se mais, o desemprego cai. O preço das matérias-primas aumenta e o comércio internacional volta a crescer.

E no entanto...

As elites de Davos, o vilarejo suíço que recebe para uma missa anual os mais poderosos do planeta, estão preocupadíssimas, achando que tudo pode dar errado. Por quê? Porque, se a economia vai bem ou ao menos melhora sensivelmente, a política vai mal. Os problemas se acumulam e são graves: mudança climática, crise migratória, guerra comercial, um presidente instável na primeira potência mundial, briga pela liderança regional entre Arábia Saudita e Irã. Não faltam razões para uma boa depressão. Dá-lhe Prozac!

A OMC (Organização Mundial do Comércio), que era um ponto de equilíbrio, perdeu força, atacada por Washington e seu milionário loiro, que vem dinamitando os acordos multilaterais e regionais. Sem falar no perigo de desvalorização do dólar e a previsão de uma guerra cambial.

A China de Xi Jinping, defensora, ao menos em teoria, da globalização, decidiu dar marcha à ré na liberalização de sua economia, fechar o seu mercado interno para os investimentos estrangeiros e priorizar as empresas estatais. À sua maneira, pratica de fato o mesmo protecionismo de Trump.

O problema mais agudo são as consequências da globalização. A expansão econômica, longe de beneficiar a todos, acentua as desigualdades, territoriais e sociais, inclusive no mundo rico. A queda do desemprego não é acompanhada do aumento da renda dos trabalhadores, ao contrário do que acontecia. Enquanto isso, a concentração da riqueza aumenta. Nos países ricos da Europa, as populações começam a fechar a cara e sair às ruas em protesto.

Paralelamente, dentro de um mesmo país, as regiões mais ricas prosperam ao lado de espaços miseráveis. Os governos não têm mais meios, não sabem o que fazer ou talvez simplesmente não queiram redistribuir os frutos da riqueza de forma equitativa. Consequência: crescem os partidos chauvinistas, anticapitalistas e antiglobalização.

Por contraditório que pareça, a expansão econômica vem de par com a ameaça aos governos democráticos, e reforça os regimes e os movimentos autoritários que querem fechar as economias e frear a inovação tecnológica.

Em face desse milk-shake de otimismo e pessimismo, as elites de Davos parecem desorientadas. É que o mundo vive uma revolução socioeconômica e tecnológica inédita, muito mais profunda que a Revolução Industrial de mais de cem anos atrás, que nos deixa, a todos, desorientados.

Estamos diante de um imenso desafio: os modos de produção, consumo e comunicação criam novas formas de sociedade e desafios políticos. Por isso é preciso reinventar a democracia dessa nova era. É preciso aprender como regular a inovação. Não existem receitas.

Por outro lado, a globalização não tem volta. Portanto, o planeta globalizado deverá criar formas de regimes políticos globalizados. Caso contrário, dizem os profetas do apocalipse, o mundo afundará no caos e na violência.

A PONTA VISÍVEL DO *ICEBERG*

Numa mesma semana, assistimos ao retorno da extrema-direita ao Bundestag – a Câmara dos Deputados da Alemanha –, do Partido da Liberdade da Áustria, neofascista, ao poder, em coalizão com os conservadores, a mais um capítulo do separatismo histérico catalão, aos referendos pró-autonomia nas regiões da Lombardia e do Vêneto. Tudo isso em uma única semana.

Por mais díspares que esses movimentos possam parecer, com suas histórias distintas, argumentos e explicações próprias, fundamentalmente são dois lados de uma mesma moeda. Cada um à sua maneira reage ao sentimento de perda de identidade e de controle da situação. Uns votam olhando para trás, outros sonham em levantar muros.

Todos, parte dos alemães como dos austríacos, catalães e italianos, deixaram de acreditar na capacidade dos governos centrais em atender às suas necessidades e anseios. Eles reagem à globalização, preferindo ficar entre si a se abrir aos outros. Confiam mais nos vizinhos que nos "estrangeiros", tanto próximos como distantes.

A verdade é que nenhum governo central, por mais competente e popular que seja, tem condições de administrar a globalização.

A crise é profunda; a democracia representativa, tal como a conhecemos hoje no Ocidente, está em perigo. Ela já não seduz e essa talvez seja a maior vitória daqueles que querem o seu fim, os extremistas autoritários. Muitos eleitores, desorientados, voltam-se para "caras novas", sem se dar conta de que elas escondem velhos monstros travestidos.

Por isso é sempre bom lembrar as sábias palavras de Winston Churchill: "O melhor argumento contra a democracia são cinco minutos de conversa com o eleitor medíocre."

Essa nova realidade tem trazido como corolário o fim da solidariedade. É o que assistimos na Catalunha ou no norte da Itália. No caso de Milão e Veneza, os cidadãos querem recuperar os impostos pagos a fim de investi-los em casa, em benefício próprio. Os ricos do norte não querem mais subsidiar as regiões pobres do Mezzogiorno.

Os radicais catalães, idem. Almejam criar um Estado para assim parar de "ajudar" as outras regiões espanholas. Os separatistas da rica província da Flandres belga ou os escoceses, que sonham com a bonança de petróleo, têm o mesmo raciocínio, bem como os do sul do Brasil e da Califórnia.

Os separatistas estão convencidos de que serão mais bem governados em nível local, ou no máximo regional, porque os líderes políticos estarão mais próximos dos cidadãos.

Os conflitos entre a globalização, com dezenas de acordos sendo negociados entre blocos, e o protecionismo político, social e econômico dominam – e irão dominar – os grandes equilíbrios (ou desequilíbrios) na próxima década. Serão tempos conturbados em que os comuns dos mortais se sentirão desamparados, desorientados, à espera do Messias. Tempos perigosos...

E LA NAVE VA

Muito embora o divórcio fosse comentado de longa data e tido pelos observadores como inevitável, a substituição do secretário de Estado Rex Tillerson pelo chefão da CIA, Mike Pompeo, foi a mais espetacular do governo Trump. Comparável apenas à demissão de Michael Flynn, o turbulento conselheiro do presidente para assuntos de segurança nacional, que acusou Trump de ser um mentiroso contumaz. Dos 27 excluídos em um ano de mandato, Tillerson era provavelmente o mais pragmático e um dos poucos a entender os meandros da geopolítica mundial.

Trump está agora com a faca e o queijo na mão para aplicar o que ele chama, sem rodeios, de "o retorno da competição entre as grandes potências". É a nova versão da Guerra Fria, com a introdução de um terceiro polo, a China. Moscou e Pequim são vistos por Washington como ameaças.

E não é para menos: China e Rússia não escondem o objetivo de competir com os Estados Unidos graças a programas de modernização acelerada de suas Forças Armadas. Xi Jinping não hesita em ameaçar os países da região, tomando territórios do mar da China meridional e intensificando provocações navais. Enquanto Vladimir Putin, após anexar a Crimeia, multiplica ações militares na Síria, além de tentar desequilibrar a Geórgia e os países bálticos, às portas da Europa ocidental, e se lança numa ciberguerra mundial.

Putin foi eleito para um quarto mandato presidencial e Xi Jinping recebeu do Parlamento sinal verde para permanecer no poder até o último dia de sua vida, tornando-se poderosos ditadores. O russo pela via "democrática". Ambos controlam a política, a população, a informação, reprimem todas as formas de oposição. Prova de que o mundo deu uma guinada rumo à reconstrução de regimes totalitários, em que os nacionalismos substituem o comunismo do século xx.

E la nave va...

Com a diferença de que a competição entre as potências de 2018 pode ser mais perigosa que o velho "equilíbrio do terror" do pós-Segunda Guerra. Hoje, além de Rússia, China e Estados Unidos, temos outros países atômicos ou com capacidade de fabricar a bomba: Índia, Paquistão, Israel, França, Inglaterra, Irã, Coreia do Norte.

No século xx, a estabilidade bipolar vinha da quase total impossibilidade de utilização da arma nuclear. Hoje, porém, vários países desse clube examinam a possibilidade de fabricar ogivas de pequena potência, com precisão "cirúrgica", instaladas em mísseis de cruzeiro ou foguetes de curto e médio alcances. A exemplo do que aconteceu nos idos da década de 1980 com os Pershing 2 americanos e os SS 20 soviéticos, abandonados por conta do Tratado de Desarmamento de Mísseis Intermediários, de 1987. Washington já anunciou a fabricação dessas armas.

Há, portanto, o perigo, num futuro próximo, de uso desse arsenal sem provocar um apocalipse. O que até ontem era impossível, amanhã será perfeitamente verossímil.

Em outras palavras, o "equilíbrio do terror" deixando de existir, estaria escancarada a porta para conflitos e escaladas nucleares de um novo tipo nas zonas tradicionais de enfrentamento.

É toda a geopolítica mundial que está sendo redesenhada neste momento. Para o melhor ou para o pior.

AS IDEOLOGIAS OBSOLETAS

Durante a Guerra Fria, marcada pelo equilíbrio do terror, as relações de forças eram claras, havia dois campos muito bem definidos: o comunismo totalitário e o capitalismo liberal, representados pela URSS e pelos EUA. Ambos tinham como objetivo impor a sua ideologia ao resto do planeta. A queda do muro de Berlim e a implosão da União Soviética marcaram a vitória do capitalismo sobre o comunismo, dos Estados Unidos sobre a Rússia.

Hoje, o capitalismo reina como monarca absoluto, o que permitiu um *boom* econômico e o crescimento dos "países emergentes". Isso não significa, no entanto, que a democracia tenha saído vitoriosa. O autoritarismo continua vivo, mais do que nunca, na China, onde Xi Jinping tornou-se presidente vitalício; e na Rússia, onde Putin se eterniza no poder.

Mas há de se convir, ao contrário dos tempos da Guerra Fria, que hoje nem Moscou nem Pequim sonham impor seu modelo ao resto do mundo. Mesmo porque não há mais ideologias nem visões do mundo. Cada um pensa em seus próprios interesses econômicos e geopolíticos. E ponto final, o resto que se lixe.

O Kremlin, sem condições de competir de igual para igual com o Ocidente, tenta compensar suas fraquezas estruturais com intervenções pontuais na Geórgia, Ucrânia, Síria e ataques cibernéticos. São táticas perigosas, mas que não mudam a relação de forças.

Quanto à China, essa sim quer – e tem condições – de se tornar a potência dominante, sobretudo na região. Pequim tem agido nesse sentido com sucesso, ora criando uma rede de países e mercados dependentes para favorecer os seus próprios negócios, ora mostrando os dentes afiados para Japão e Taiwan.

Porém, uma vez mais, é preciso dizer que o regime chinês não tem, pelo menos por enquanto, a pretensão de assumir um papel de liderança planetária. Há o temor de convulsões internas.

Neste nosso mundo do século XXI, o desafio ideológico desapareceu. O combate esquerda *versus* direita é periférico. Só os extremos se manifestam de maneira ideologizada, como gosta de dizer Jair Bolsonaro. A Guerra Fria é coisa do passado, o que não significa que não haverá mais guerras. Conflitos armados existem desde os tempos imemoriais e continuarão existindo.

IMPRENSA INIMIGA DO POVO

Logo após Donald Trump ter chamado a mídia de "inimiga do povo americano", o sensato senador republicano John McCain, ex-candidato conservador à presidência dos Estados Unidos, advertiu: é atacando a liberdade de imprensa "que os ditadores começam".

Antes das presidenciais de 2016, ninguém imaginava que essa polêmica poderia ter lugar nos Estados Unidos, onde a liberdade de imprensa é contemplada no primeiro artigo da Constituição.

Mas, a bem da verdade, é preciso salientar que essa questão, infelizmente, não se limita aos Estados Unidos de Trump.

No mundo ocidental praticamente inteiro, o jornalismo começa a ser visto com suspeição.

Não é de hoje. Os políticos nunca gostaram de informação independente quando são alvos de crítica. Mas sempre adoram quando o adversário está no noticiário. O vazamento de informações comprometedoras é um velho hábito político, tanto de governos quanto das oposições. Não há um jornalista que se preze que não tenha se beneficiado com essas informações. Quanto aos políticos, eles são habitados por essa relação de amor e ódio. Jogar a culpa de seus próprios problemas sobre a imprensa sempre foi um dos esportes preferidos dos políticos.

Mesmo assim, o Jornalismo com J maiúsculo mantinha, até um passado recente, uma dose de credibilidade junto à opinião pública, e a profissão era vista com admiração e respeito. O problema agora é que boa parte das populações consumidoras de notícias também desconfia do trabalho dos jornalistas. E isso faz com que os políticos se vejam com mãos livres para atacar a liberdade de informação, seja através de propostas de criação de órgãos de censura, como o Marco Regulatório das Comunicações, no Brasil, seja de maneira despudorada como fazem Trump, nos Estados Unidos, Erdogan na Turquia, Putin na Rússia, além de outros tantos ditadores ou nostálgicos da ordem a qualquer preço. Se antes havia um mínimo de decência, nesta era digital os políticos se desavergonharam e não temem mais investir contra os fundamentos da democracia. Destratar a imprensa se tornou algo tão trivial quanto tomar um cafezinho.

As novas tecnologias da informação e as redes sociais têm muito a ver com isso, liberaram geral: Facebook, Twitter, Youtube e outras redes sociais solapam a credibilidade do jornalista neste mundo de *fake news*.

Claro que jornalista não é santo, tem as suas posições ideológicas, declaradas ou não. Mas ele é formado para ser o mais objetivo possível e evitar a publicação de mentiras e falsidades. Serve, ou ao menos deve servir, de filtro.

Muitos acreditam que as redes sociais são um avanço democrático porque todos podem falar sobre tudo. Elas dão ao cidadão a impressão de estar participando do debate e, portanto, de ser "importante". Só que nesta pseudodemocracia os consumidores pescam quase sistematicamente nas mesmas águas, aquelas que lhes convêm. As opiniões não se confrontam, ao contrário, facilitam as manipulações e transformam factoides em verdades, em tempo real. Vivemos a era da pós-verdade, como diz um amigo jornalista. Hoje, o acesso à informação é muito maior e mais rápido, no entanto, ficou muito mais difícil separar o verdadeiro do falso e refletir sobre os acontecimentos.

Essa situação abre uma autoestrada rumo ao autoritarismo.

Alguns consideram que, no final das contas, a mídia tradicional e séria, capaz de checar a informação e separar o joio do trigo, sairá vencedora, já que ao menos nos Estados Unidos, após os ataques de Trump, os grandes meios de informação cresceram, a começar pelo *The New York Times*, *Wall Street Journal* e *Washington Post*, os três jornais mais tradicionais do país.

A liberdade de imprensa está "condenada" a sobreviver, pois sem ela não há democracia. Se a sociedade não defendê-la, não são os políticos que o farão.

A democracia é o mais exigente de todos os regimes. Obriga a um exercício constante de cidadania, sob pena de apodrecer. Nós, jornalistas, bem como todos os cidadãos, somos parte essencial desse exercício diário.

Como bem lembra o professor de literatura inglesa e cronista do jornal *The New York Times*, Stanley Fish, a resposta correta àqueles que reivindicam a liberdade de expressão para praticar ações criminosas, como declarações racistas, injuriosas ou simplesmente mentirosas, é reconhecê-las como o discurso do inimigo, que precisa ser eliminado. Não se deve cair no pressuposto universalista liberal, segundo o qual em nome da liberdade de expressão vale tudo.

As notícias falsas (*fake news*) destroem a sociedade democrática. E se por um lado as novas tecnologias da informação e comunicação representam um grande avanço, criando novos espaços de liberdade, por outro, a vida se tornou uma selva no ciberespaço, onde os inimigos da democracia navegam ao bel-prazer. Facebook e similares se tornaram verdadeiros espaços sem lei.

Diz Bernard-Henri Lévy, filósofo francês:

> Uma espécie de revolução mundial está em marcha, a revolução das ideias simples, dos que buscam bodes expiatórios, dos racistas, das pessoas que desprezam a democracia, a noção de verdade. É um movimento de caráter mundial. Hoje, a mentira e a verdade têm o mesmo *status* e é muito difícil distinguir uma da outra.

O escritor pacifista israelense Amós Oz, desaparecido nos estertores de 2018, disse a mesma coisa:

> Os problemas estão se tornando mais complicados e muitas pessoas procuram respostas muito simples; procuram respostas de uma frase, capazes de pôr tudo em ordem; frases que nos digam quem são os maus, quem são os inimigos, quem são os perigosos. Acham que se souberem isso o paraíso pode vir. São essas, somos nós, as presas fáceis de um movimento que se alastra.

DANGER DANS LA DEMEURE

Após ter comemorado um recorde de permanência no poder, certo de sua popularidade, Evo Morales convocou os bolivianos às urnas para ganhar o direito a mais um mandato. Para sua surpresa, recebeu um sonoro *não*.

Cristina Kirchner, representante do populismo peronista, foi mandada de volta para casa. Na Venezuela, Nicolás Maduro achou que bastava ser o sucessor de Hugo Chávez para se instalar duravelmente no trono do Palácio de Miraflores. Enganou-se redondamente. No Paraguai, acusado de nepotismo, corrupção e apontado como responsável pela morte de 17 sem-terra em choques com a polícia, Fernando Lugo foi deposto. E a lista de líderes latino-americanos afastados nos últimos anos não parou por aí, passando, é claro, pelo *impeachment* de Dilma Rousseff.

O que tudo isso tem em comum? Uns responderiam de imediato:

– Golpe!

Mas o assunto merece uma análise um pouco mais profunda. Tem a ver com a paciência dos cidadãos, que se esgota mais rapidamente que no passado. No mundo hiperconectado em que vivemos, as informações circulam a um ritmo alucinante, fazendo com que as exigências aumentem. Votar a cada quatro, cinco anos, já não é suficiente. Ninguém mais aguenta governos incompetentes ou corruptos (às vezes, as duas coisas) por tanto tempo. As pessoas não aceitam mais homens e mulheres cujo objetivo, primeiro e único, é o poder pelo poder. Os eleitores exigem resultados no curtíssimo prazo, saber como o seu dinheiro é empregado, ou querem, pelo menos, ter o sentimento de que tudo está sendo feito para melhorar as suas vidas e ter alguma expectativa, alguma perspectiva. Também exigem mais participação, pois deixaram de confiar nos políticos, tanto de esquerda como de direita (se é que essa divisão ideológica ainda faz sentido), e, consequentemente, na política.

Essa não é a situação apenas da América Latina, é o retrato do que acontece em todo o nosso mundo ocidental. Na velha Europa, o cenário político também se deteriorou com o avanço do populismo.

Quatro meses após eleições legislativas consideradas históricas, por levar ao Parlamento duas agremiações novatas – Podemos e Ciudadanos –, a Espanha teve de voltar às urnas. O rei Felipe VI, depois de três tentativas infrutíferas, inclinou-se à falta de uma maioria possível para formar um governo. Na Itália, o movimento Cinque Stelle, liderado por um ex-humorista, integrou-se a um quadro político-partidário sem pé nem cabeça. A península está uma vez mais ingovernável entre a Liga, de extrema-direita, e o anarquista Cinco Estrelas. Os partidos tradicionais, de centro, foram varridos.

Na França, os eleitores deixaram claro que não queriam mais François Hollande nem Nicolas Sarkozy. Exigiram mudanças, sem saber ao certo para onde ir. Votaram em Emmanuel Macron, um quase ilustre desconhecido, que acabou com os demais partidos.

Na Áustria, o líder do partido de extrema-direita FPÖ, Norbert Hofer, obteve 36,4% dos votos no primeiro turno da eleição presidencial, superando o candidato ecologista com 20%. Os representantes dos dois principais partidos do país ficaram fora do segundo turno. Hofer perdeu no segundo turno. Mas as legislativas levaram os neofascistas ao governo.

Em toda a Europa, a extrema-direita nacionalista ganha espaço com discursos populistas, antissistemas. A crítica ao *establishment* é o melhor tema de campanha. A extrema-direita populista europeia cresce ao prometer resolver todos os problemas com um passe de mágica. A extrema-esquerda faz o mesmo...

O mundo mudou e os políticos, sindicatos, associações de classe já não correspondem às expectativas. Continuam a prometer e a exigir o que nunca poderão cumprir ou obter. Uma vez cobrados, empurram com a barriga, na esperança de ganhar tempo e terminar o mandato. Ou então passam a fazer o contrário do que disseram durante as campanhas eleitorais.

Nos Estados Unidos, a política tradicional também foi contestada pelo surgimento do demagogo Donald Trump, pelo discurso de ódio do Tea Party, pelo descrédito do Congresso.

Na eleição presidencial brasileira, o descrédito da política tradicional levou Jair Bolsonaro ao Palácio do Planalto.

Il y a danger dans la demeure.

O MODERNINHO DA ARÁBIA

O novo homem forte da Arábia Saudita se chama Mohammed bin Salman, mais conhecido pelas iniciais MBS, filho preferido do rei Salman, 81 anos e doente. Impulsivo e impiedoso, ele se tornou príncipe herdeiro em junho de 2017, afastando seu primo, Mohammed bin Nayef, primeiro na linha sucessória. MBS é, sobretudo, ambicioso. Ele promete ser o pai de uma "nova Arábia", uma missão arriscada, que pode abalar a estabilidade do país e do Oriente Médio.

Mohammed lançou recentemente um audacioso plano pós-petróleo, tendo em vista 2030, fundado na diversificação econômica e na privatização parcial do grupo petrolífero Aramco, considerado até então intocável. Espera, assim, compensar a queda das cotações internacionais. Pela primeira vez, um líder árabe tem uma visão de médio prazo.

No plano social, MBS concedeu às mulheres o direito de guiar, a partir de junho de 2019. Esse avanço pode parecer ridículo aos nossos olhos ocidentais, mas é um grande passo quando se sabe que a Arábia Saudita era o único país do mundo a impedir as mulheres motorizadas.

O novo líder, que se declara favorável a um islã moderado, prevê a abertura de salas de cinema, fechou com a França um acordo para a construção de um teatro de ópera em Riad e até admitiu autorizar a diversidade de gênero em certas ilhas, onde homens e mulheres, incluindo estrangeiros, poderão se beijar em público. No rosto, claro.

Ao agir dessa forma, MBS enfrenta a todo-poderosa polícia religiosa do regime, encarregada, entre outras coisas, de impor o respeito das rezas diárias e do porte da "abaya", um vestido preto longo com mangas cumpridas. Assim, desafia o *establishment* religioso no país que abriga a Meca, principal lugar sagrado do islã, e coloca em risco a aliança entre a dinastia da família Al Saud e o movimento islâmico sunita wahabita, ortodoxo e ultraconservador. Quer ser o homem todo-poderoso do país (e da região), sem rivais. Não hesita em afastar os seus inimigos, como o jornalista Jamal Khashoggi, crítico do governo, morto no Consulado saudita em Istambul.

Para chegar ao poder, MBS quebrou um tabu, rompeu o consenso familiar e descartou vários príncipes, que se tornaram seus rivais. Contou com o apoio de seu velho pai. Internacionalmente, aproximou-se de Donald Trump, tendo assinado contratos com os Estados Unidos no valor de 350 bilhões de dólares durante a visita do presidente americano a Riad. Dias depois, obteve também o apoio indireto de Paris, quando Emmanuel Macron recebeu, no Palácio do Eliseu, o primeiro-ministro libanês Rafic Hariri, apoiado por ele. Hariri tinha se refugiado na Arábia Saudita, onde anunciou que renunciava à chefia do governo libanês, após ter se sentido ameaçado pelo Hezbollah, pró-iraniano.

Esse é o nó da história.

Riad, sunita, e Teerã, xiita, disputam a liderança regional desde os tempos do antagonismo atávico entre persas e árabes, exacerbado pela Revolução Iraniana de 1979 e a fundação da República Islâmica pelo aiatolá Khomeini.

Riad denuncia a implicação crescente do Irã na região: Líbano, Iêmen, Catar, Síria, Bahrein, Iraque. A rivalidade é tanta que a Arábia Saudita e os países vizinhos se aproximaram de Israel, formando um bloco pró-americano. A esse respeito, Salman declarou, em alto e bom som, que Israel tem o direito de existir, em paz e dentro de fronteiras seguras. Em contrapartida, conta com o apoio de Tel Aviv para se opor ao Irã.

162 ■ A Europa hipnotizada

Como sempre, em meio às grandes questões geopolíticas, estão os interesses internos. Segundo a seríssima assessoria de risco político Eurasia Group, o argumento nacionalista contra o Irã estaria sendo instrumentalizado pelo príncipe herdeiro saudita, Mohammed bin Salman, que não hesita em quebrar os códigos do reino ultraconservador para consolidar suas posições, avançar seus peões e se transformar no líder do mundo arábio-muçulmano.

O conflito antes velado entre o Irã e a Arábia Saudita já se transformou, nos territórios da Síria e do Iêmen, numa guerra aberta pelo controle regional.

Nunca é demais lembrar que para os políticos o essencial, em geral, é o secundário.

ATÉ O BIG BEN ENTROU EM PARAFUSO

Nos dias que precederam a passagem do ano judaico de 5775 para 5776, o relógio mais famoso do mundo, o celebérrimo londrino Big Ben, desafiou a precisão britânica e começou a badalar seis segundos antes da hora. Ninguém, nem mesmo os três relojoeiros que, dia após dia, semana após semana, se ocupam da exatidão da complexa mecânica descobriram a origem do defeito.

Modestamente, tento uma explicação: o Big Ben quis avançar o calendário e assim antecipar o novo ano, na tentativa de dar início o quanto antes à tradição rabínica que considera a data como o "dia do julgamento da humanidade".

Como no judaísmo não existe a ideia cristã do perdão, nem portanto do esquecimento, Big Ben talvez tenha desejado entrar o mais rápido possível em 5776, mesmo temendo que a sentença fosse implacável.

É que 5775 foi um *annus horribilis*. Um ano de guerras, de atentados terroristas, de destruição, muitos dos quais cometidos em nome de Deus, de crises políticas e econômicas, de assassinatos, de balas perdidas, de miséria, de racismo, de ódio, de violação das liberdades.

Foi um ano pior que os anteriores? Provavelmente sim.

Como não lembrar das imagens de dois atiradores entrando na sede do *Charlie Hebdo* para matar desenhistas, alguns amigos meus, em nome do coitado do Maomé? Como não lembrar do rosto do atirador do supermercado kosher de Vincennes? Ou do sinistro personagem que entrou num trem entre Amsterdã e Paris com um verdadeiro arsenal destinado a matar centenas de pessoas? Como deletar a foto daquele bebê palestino queimado vivo por um colono israelense? O que falar das estudantes sequestradas por Boko Haram? Das mulheres yazidis, vendidas como escravas sexuais? O que dizer das ditaduras, sejam elas mais "amenas" como as bolivarianas ou mais duras como as africanas e médio-orientais? O que dizer da Síria e suas centenas de milhares de mortos, vítimas de uma guerra entre bandidos, uns piores que os outros? Como não temer o Estado Islâmico e seu califado feito de cabeças rolando? Como não se sentir ultrajado por um neonazista berlinense que agride uma família de imigrantes e depois "mija" em cima das duas crianças? Como fechar os olhos para milhares e milhares de pessoas que tentam chegar à Europa "civilizada" em busca de uma vida digna deste nome ou da simples sobrevivência? O que falar da corrupção na terra de Macunaíma?

Mas sejamos sinceros: neste dia de julgamento do ano de 5775 também temos de pôr na balança a mão negra de Barack Obama apertando a mão hispânica de Raúl Castro; o gesto do jovem muçulmano Lassana Bathily, nascido no Mali, funcionário do supermercado kosher de Vincennes, em situação ilegal na França, escondendo dezenas de clientes judeus na câmara fria para salvá-los do terror; o prêmio Nobel da menina Malala, vítima da violência talibã; a ação heroica de três americanos e um britânico ao neutralizar o atirador do trem ou ainda de um banqueiro francês, o primeiro a se jogar sobre o terrorista e que, por modéstia, não quis ver seu nome na mídia.

Esses e outros personagens, conhecidos ou anônimos, nos lembram que nesta sociedade de muitos consumidores e poucos cidadãos ainda há espaço para valores humanistas e que ainda podemos nos agarrar a um fio de esperança, tênue porém real.

Big Ben já voltou a dar a hora certa e, certamente, irá badalar no momento preciso a chegada de muitos e muitos anos.

O MUNDO MAIS PRÓXIMO DO APOCALIPSE

Vocês já devem ter ouvido falar no grupo de cientistas atômicos que monitora o relógio Doomsday, o Relógio do Apocalipse ou do fim do mundo, como queiram.

Pois bem, esse grupo, que analisa a situação do mundo num momento preciso, decidiu adiantar o ponteiro que mostra, simbolicamente, a quantas estamos do fim.

A vitória de Donald Trump, a guerra na Síria, no Sudão, o clima de insegurança mundial, o aquecimento climático fizeram com que, em 2017, o Boletim dos Cientistas Atômicos movesse o ponteiro dos minutos de dois e meio para dois antes da meia-noite – hora marcada para o apocalipse e que o mantivesse estático em 2018.

A última vez que o relógio chegou tão perto da meia-noite foi em 1953, quando em plena Guerra Fria o ponteiro foi movido para dois minutos por causa de testes da bomba de hidrogênio feitos pelos EUA e pela União Soviética.

O Boletim dos Cientistas Atômicos explica o aumento do risco global no final de 2018, ao salientar a saída dos Estados Unidos do Acordo de Paris e do acordo nuclear com o Irã, a expansão do arsenal atômico dos EUA, o surgimento do hipernacionalismo em todo o mundo, as ameaças à segurança cibernética, a espiral da retórica nuclear entre o presidente dos Estados Unidos e da Coreia do Norte, o truculento gabinete norte-americano e o recrudescimento das notícias falsas nas redes sociais.

Os cientistas consideram que a ameaça é real e "imediata", com destaque para o "progresso notável" do programa nuclear norte-coreano, que continua apesar dos apertos de mãos entre Trump e Kim Jong-un.

A preocupação é tal que a chefe dos Cientistas Atômicos, Rachel Bronson, pede aos líderes mundiais que acalmem as tensões que, segundo ela, podem levar à guerra. "Estamos brincando de roleta-russa", disse.

Quanto ao próximo relatório, deverá acrescentar novos riscos à paz mundial: o anúncio da retirada dos Estados Unidos do acordo de desnuclearização com a Rússia, a ameaça de Jair Bolsonaro de deixar o Acordo de Paris depois de ter abandonado o Pacto de Marrakech sobre Migrações, a eleição de um governo de extrema-direita na Itália, a guerra comercial, o avanço do populismo na Europa.

O Relógio do Juízo Final é uma metáfora do nível de vulnerabilidade do mundo em face da catástrofe total. Foi criado em 1947 pelo comitê de diretores do Boletim dos Cientistas Atômicos da Universidade de Chicago. Os ponteiros apontavam 7 minutos para a meia-noite. Desde então, esse relógio tem oscilado entre os 2 e os 17 minutos. Esse valor máximo, sinal de uma acentuada redução dos riscos globais, foi registado no início dos anos 1990, com a queda do Muro de Berlim e a dissolução da URSS. A assinatura, em 1991, do primeiro Tratado de Redução de Armas Estratégicas (Start I) entre os dois principais protagonistas da Guerra Fria ajudou a distanciar ainda mais o mundo do perigo iminente.

Hoje, no entanto, os cientistas atômicos, que decidem como ajustar o relógio após consultar também 15 prêmios Nobel, afirmam que "o mundo ficou mais perigoso que nunca desde a Segunda Guerra Mundial". E do jeito como as coisas evoluem, o relógio deverá se mover cada vez mais para a frente nos próximos anos.

Até, quem sabe, chegar às 12 badaladas... simbólicas.

A NOSTALGIA LUSITANA

Meu pai costumava dizer: "Viva na Terra com arte, antes de voar a Marte."

Mas ao contrário do que ele pregava, os homens não esperaram o advento do mundo ideal aqui na Terra para se aventurar rumo ao planeta vermelho. Rússia, China, Europa e Estados Unidos já se lançaram nessa corrida. Muitos veem, no século XXI, os primórdios de um novo capítulo das grandes descobertas, iniciadas há mais de 500 anos com as caravelas de Cabral, Vasco da Gama, Cristóvão Colombo.

Naquela época, as naus, financiadas pelos tesouros reais e por particulares, partiam para mapear territórios desconhecidos, abrindo o caminho para um novo mundo. Eram as primeiras parcerias público-privadas, que buscavam altos lucros no comércio do ouro, pedras preciosas e sobretudo especiarias, procurando estabelecer os primeiros monopólios comerciais.

No começo do Renascimento, as viagens eram mais do que incertas. Muito mais do que nos promete a conquista de Marte. Portugueses e espanhóis navegavam com a ajuda apenas da bússola, do astrolábio e do conhecimento do céu estrelado. Os novos aventureiros da Nasa esperam em breve instalar um sismômetro e um captor de fluxos de calor para mapear o solo rochoso do planeta vizinho.

Rússia e China preparam várias missões. Mas por enquanto só os americanos conseguiram colocar na superfície de Marte veículos robóticos capazes de estudar a composição do planeta. Grupos privados como o Space X de Elon Musk e a holandesa Mars One também entraram na disputa.

O objetivo é lançar robôs para preparar a chegada dos primeiros astronautas, em meados da década de 2020, e implantar a primeira colônia humana permanente em Marte. Assim, em breve o filme *Perdido em Marte*, de Ridley Scott, com Matt Damon no papel de um biólogo que é abandonado no planeta vermelho e aí vive durante quatro anos, deixará de ser catalogado como ficção científica.

Como os "investidores" do século XV, Space X e Mars One não são guiados apenas pelo espírito de aventura e sim pela perspectiva de explorar imensas reservas de minério e materiais desconhecidos, além de fundar colônias de ricos migrantes.

Não se pode negar, contudo, que, para além da fome de lucro, eles sejam guiados também pelo espírito de aventura.

Admirável velho mundo novo ▪ 167

As "grandes descobertas", que levaram os portugueses ao Brasil, disseram adeus à Idade Média e abraçaram o Renascimento, abriram a possibilidade de se buscar um mundo novo, desconhecido, de criar o futuro.

Hoje, em face da sociedade da informação, do aquecimento climático, da globalização desenfreada, do crescimento do populismo, da explosão demográfica, se especula sobre a necessidade de criação de novos horizontes. Diante de muros que nos separam na Terra, os navegantes do século XXI abandonam os mares e sonham em derrubar as fronteiras espaciais para conquistar outros destinos. Sentimos a nostalgia, esse sentimento tão lusitano, de descobrir novos caminhos.

Na incapacidade de viver com arte, talvez seja judicioso voar a Marte.

MASTROIANNI, DENEUVE, DALÍ E EU

MELAMPO

    Fui jantar na casa de Aldo e Pep Crommelynck, que ficava na Rue de Grenelle, entre os Invalides e a torre Eiffel. Eram amigos da minha segunda mulher. Gente ligada ao mundo artístico, já que Aldo tinha sido o gravador de Picasso, Braque, Matisse, Léger, Miró, Le Corbusier, Arp, Giacometti e, mais tarde, dos americanos Jim Dine, Richard Hamilton, David Hockney, Jasper Johns. Ele era, diziam os críticos, "a mão de seus artistas". Tinha dedos longos e uma mão firme como nunca vi. A respeito, me contou um dia que Picasso foi o único dentre os artistas com quem trabalhou capaz de "morder" o metal com perfeição. "Foi um mestre na *gravure en creux*" (a gravura de encavo), dizia. Tradução: o depósito de tinta para impressão é feito dentro dos sulcos gravados pelo artista e não sobre a superfície da matriz, como no caso da xilogravura.

    Eu adorava o perfume de tintas do ateliê de impressão das gravuras.

    Seu irmão, Piero, era muito amigo do pianista brasileiro João Carlos Martins, que encontrei algumas vezes no pátio comum às duas casas e que ouvia tocando entre duas paredes. Aldo e Piero brigaram e eu nunca mais ouvi o dedilhado do maestro.

    Mas voltando ao assunto, fui jantar na casa de Aldo e Pep. Lá estavam, entre outros, dois convidados de marca: Marcelo Mastroianni e sua ex-mulher, Catherine Deneuve, amicíssima de Pep, que embora bem mais velha jurava que tinham sido colegas de classe na escola. Fingíamos acreditar.

O casal estava separado há muito tempo, mas a cumplicidade permanecia intacta. Não paravam de falar, dando pouco espaço para os demais. O que não perturbava o primo de Aldo, Floran, que não desviava o olhar da atriz, certamente repassando na imaginação as cenas de *A bela da tarde*. Eu, confesso, nunca me senti atraído por sua beleza.

Entre duas falas, surgiu como assunto os filmes que fizeram juntos. O primeiro, *Tempo de amor*, rodado no início de 1971, dirigido por Nadine Trintignant.

Eles tinham se encontrado algumas semanas antes em Londres, na casa de Roman Polanski e, segundo a atriz, foi um jantar "agradável", muito embora os três estivessem com o coração partido. O diretor por ter perdido Sharon Tate um ano antes, assassinada pelo sociopata Charles Manson, Deneuve pela recente separação com François Truffaut, Mastroianni desesperado após ter sido abandonado por Faye Dunaway.

Já em Paris, no primeiro dia da filmagem, 4 de janeiro de 1971, se apaixonaram. "Loucamente", disseram em coro.

Nove meses depois, o segundo filme: *A cadela*, sob a direção de Marco Ferreri. A história era a seguinte:

Giorgio vive com seu cachorro numa ilha rochosa do sul da Córsega, mora numa espécie de bunker, sempre acompanhado de seu fiel amigo de quatro patas. Passa seus dias pescando, colhendo azeitonas, pintando, escrevendo histórias em quadrinho ou simplesmente passeando. Um dia, surge uma linda jovem loira, Liza, uma parisiense desagradável, esnobe, temperamental. Depois de uma briga com o amante, ela decide abandonar seus companheiros de viagem, num navio de cruzeiro. Giorgio a hospeda uma noite e depois, no dia seguinte, a leva de volta ao navio, ancorado no porto. No entanto, fascinada por esse homem taciturno, ela retorna, disposta a tudo para conquistá-lo. Tudo, inclusive se livrar do cachorro. Num jogo cruel, Liza entra no mar e começa a nadar com o cão, até que o animal morre de fadiga. Então só, diante de Giorgio, ela assume o lugar do cachorro, a ponto de renunciar ao papel de mulher e se submeter à vontade do dono. Ele se torna violento, corroído pelo ciúme. Depois de uma rápida viagem a Paris, os dois retornam à ilha, certos de que ali reencontrarão a felicidade. Mas a presença de legionários, de um oficial alemão e a fome acabam envenenando aquele amor brutal. Sem ter como deixar a ilha, só lhes resta a morte.

– Qual era o nome do cachorro? – alguém pergunta de maneira inocente.

A discussão então começa com os dois em total desacordo e ninguém à mesa capaz de deliberar, sem internet nem o mestre Google. Não lembro quais os nomes dados por eles, a única certeza que tenho hoje é de que ambos estavam errados.

Passamos 15, 20 minutos, uma eternidade, em torno do assunto, até que Mastroianni decidiu telefonar para o diretor do filme, que morava na Itália. Pegou o telefone – fixo na época – e sem a menor cerimônia, ligou. Marco Ferreri não estava, tinha viajado para os Estados Unidos.

– Me dê o telefone dele – ordenou Marcelo peremptório.

Nova ligação, dessa vez para Nova York. Ferreri não estava e só ia voltar horas depois.

Parece anedótico, mas o clima estava ficando tenso, com o Bell' Antonio (que aparentemente detestava o apelido) ansioso diante da necessidade de mostrar que tinha razão. Quanto à atriz, repetia sem parar o nome do cachorro, certa de estar certa. Nenhum dos dois dispostos a dar o braço a torcer.

Nova ligação, dessa vez para Jean-Claude Carrière, coautor do roteiro do filme, que tinha saído para jantar. Outra para a Pegaso Films, sociedade que produziu *A cadela*, com sede em Roma. Obviamente, ninguém atendeu, pois já era meia-noite passada.

A essa altura, entre telefonemas e discussões acaloradas, os demais convidados começaram a se dividir, uns a favor de Mastroianni, outros de Deneuve. Ninguém se lembrava do filme; desconfio de que ninguém tinha visto. Parecia torcida de futebol, totalmente emocional, sem nenhuma lógica. Pep tomou imediatamente partido de sua amiga, Aldo, para contrabalançar, defendeu Mastroianni, Floran, por razões estéticas, se manifestou a favor da loira, e assim por diante. Bizarrice total.

Uma e meia da manhã e outro telefonema, dessa vez para um amigo cinéfilo do casal, italiano, que enfim respondeu. Não se lembrava tampouco do nome do animal.

Às duas da madrugada, o telefone toca. Era Marco Ferreri, direto dos Estados Unidos, tinha recebido um estranho recado "urgente" com um número de telefone de Paris. Pensou que era algo grave. Os dois pegaram o telefone impacientes e passaram vários minutos a explicar a polêmica. Íamos enfim saber o nome do cachorro, se não fosse a irritação de Ferreri, que mandou os dois a *fanculo* e desligou.

Assim, após uma discussão sem fim e mais de uma dezena de telefonemas internacionais (na época caríssimos), terminou a noite num clima de completa frustração. Quanto aos dois protagonistas daquela cena ridícula, saíram abraçados, largos sorrisos, saltitantes. Foi uma noite chatérrima e inesquecível.

Soube, tempos depois, que Marcelo Mastroianni era obcecado por telefone e que várias de suas noitadas se desenrolavam exatamente como aquela. Às vezes, parava uma filmagem para dar um, dois, três telefonemas porque tinha pensado em algo importante, urgente como o nome do cachorro.

SALVADOR DALÍ, UM MASTURBADOR ESCROQUE

> Eu me lembro com frequência do período intrauterino..., não dos nove meses passados dentro da barriga da minha mãe, mas sobretudo do último mês, do qual conservo até hoje várias lembranças, o que aliás me foi confirmado por Sigmund Freud. Lembro-me de imagens de ovos fosforescentes luminosos.

Foi com um papelzinho escrito com esta frase, guardado no bolso, que cheguei ao Hotel Meurice, cinco estrelas de luxo, para entrevistar o seu mais famoso hóspede: o pintor surrealista Salvador Dalí, que dividia seu tempo entre Figueres, na Catalunha, e uma suíte do estabelecimento da Rue de Rivoli, quase em frente ao Museu do

Louvre. A história da memória intrauterina tinha sido contada por ele numa entrevista ao então jovem jornalista Jacques Chancel, em 4 de janeiro de 1971, em uma das primeiras emissões de *Radioscopie*, um programa que marcaria época na rádio estatal France Inter. Na entrevista, Dalí massacrou Chancel, multiplicou respostas totalmente sem sentido, falou de suas convicções aristocráticas e anarquistas, enquanto o jornalista insistia em perguntar sobre a sua obra. O radialista se vingou, editando a entrevista com mil e um cortes e colagens, fazendo com que no final Dalí dissesse o que ele queria.

Naquela época, as entrevistas eram gravadas em fita de rolo, num gravador da marca Nagra, de 50 cm por 30 cm, pesando 10 quilos, e a edição era na base da tesoura de cabeleireiro e fita adesiva. Chancel publicou a entrevista em fita-cassete, que era vendida no jornaleiro da Maison de la Radio.

Aquele papelzinho no meu bolso, que eu amassava nervosamente, era uma espécie de advertência para que eu não caísse na armadilha e não me deixasse enrolar. Tinha ido de metrô, repetindo durante todo o trajeto: Atenção, atenção! Senão você vai ser engabelado e o resultado será uma porcaria...

Minha experiência anterior de entrevista de um monstro sagrado no Hotel Meurice tinha sido inesquecível: Orson Welles, que com sua inteligência aguçada me proporcionou um trabalho maravilhoso, talvez o melhor de minha carreira (está publicado no livro *Direto de Paris, coq au vin com feijoada*) e que, ainda por cima, me presenteou com um delicioso charuto Havana. Dessa vez, eu sabia, seria diferente.

Eu tinha pendurada na sala de casa uma gravura assinada por Dalí, comprada de um vizinho a preço de banana. Devia ser falsa, pois, além de não ter sido repertoriada, corriam rumores de que o "mestre" assinava lotes de gravuras sem se preocupar com "detalhes" como a sua autenticidade. Se tivesse ocasião, lhe mostraria uma foto.

Na portaria, eu já era esperado. O *concierge* me autorizou a subir na famosa suíte. Ali, pensava encontrar o velho senhor de olhar sagaz, fino bigode impecável com as pontas para o alto, cabelos compridos, vestido de preto, que viria me recepcionar com ajuda de sua bengala com punho prateado. Enfim, um homem elegante, apesar da idade avançada.

Ao invés disso, encontrei a porta da suíte aberta... entrei. Na suntuosa antessala, ninguém. Depois de alguns minutos parado, de pé, sem que alguém aparecesse, resolvi caminhar em direção ao quarto, cuja porta também estava aberta. Me deparei, então, com uma cena surreal, certamente preparada em detalhes por Dalí, que me deixou atônito, sem reação. Um quarto monacal, mobiliado com uma cadeira de madeira, um criado-mudo, com uma garrafa de água e um copo, e uma cama de solteiro onde estava o meu entrevistado, deitado, descoberto, pés de fora, vestindo uma camisola e uma touca de dormir, olhos fechados.

Minha primeira reação foi, além da surpresa, de ver o jeito de desaparecer, correndo se possível. Mas fui incapaz. Fiquei ali feito bobo durante um tempo interminável, enquanto ele, secretamente, devia estar exultando. Coloquei a mão no bolso, fiz do papel uma bolinha e decidi dar meia-volta. Foi quando ouvi um fiapo de voz vindo de além-túmulo. Era ele, o farsante.

Sentei-me na cadeira, ele se cobriu com o lençol, me apresentei e perguntei:

– O senhor se considera um bom pintor?

Dalí, após algumas palavras incompreensíveis, respondeu de forma pausada, às vezes elevando a voz, outras sussurrando:

– Eu já disse várias vezes que sou um péssimo pintor porque sou inteligente demais para ser um bom pintor. Para pintar bem é preciso uma grande dose de burrice. Se algum dia eu pintasse um quadro como Vermeer ou Rafael, morreria horas depois. Então, prefiro ser um mau pintor e continuar vivo. Escrevo muito melhor do que pinto. Aliás, sou eterno. Encontrei a imortalidade da alma em Quevedo [Francisco de Quevedo, famoso poeta espanhol do final do século XVI, início do XVII] e Velázquez, como explicava tão bem o físico García Lorca. A obra-prima de Velázquez, o maior pintor de todos os tempos imemoriais, são os ombros de *La Venus del Espejo*, quadro em que vemos ao fundo a estação de Perpignan, que é o centro do universo [cidade do sul da França, próxima dos Pirineus, fronteira com a província espanhola de Girona]. A obra se refere a *O Rapto da Europa*, de Tintoretto, copiado por Rubens, com Júpiter sentado em um touro imóvel, que no entanto nos dá a impressão de se mover, como tudo o que se passa na estação de Perpignan.

Na verdade, *O Rapto da Europa* foi pintado por Ticiano, e não por Tintoretto, autor de *O Rapto de Helena*. Mas não se corrige Dalí, sob pena de receber uma enxurrada de impropérios incompreensíveis.

O mestre surrealista, então, prosseguiu:

– Os clássicos sabiam pintar, sobretudo mulheres. Eu sou o maior pintor moderno, depois de mim está um gênio chamado Dalí e em terceiro lugar, Picasso. O que é certo contudo é que ninguém hoje em dia sabe pintar.

– O que há de novo no mundo da arte?

– Sacha Guitry [dramaturgo francês] diria: Molière. Além dele, Velázquez, o único gênio que conseguiu estampar completamente a nobreza do povo espanhol. Foi o maior de todos.

– Qual foi o momento mais criativo de sua vida?

– Os três meses que passei na prisão. Em liberdade, eu vivo uma tremenda inquietação, querendo a todo instante desenhar, fazer uma aquarela, me ocupar. Na prisão não, vivi tranquilo, fazendo durar horas as poucas coisas que estavam ao meu alcance. Foram momentos maravilhosos. Saí muito mais rico que quando entrei. Além do cárcere, a coisa mais maravilhosa são os beijos que dou no lóbulo da minha mulher, Gala.

– Por falar em riqueza, *stricto sensu*, o senhor é um dos poucos artistas que confessa gostar de dinheiro...

– Em toda mentira há um fundo amargo de verdade. Eu sou rico e geneticamente aristocrático. Acredito em Deus e creio que desde a primeira molécula viva até a última tudo se transmite geneticamente.

– Inclusive Deus?

– Creio em Deus, mas não tenho fé. Deus existe, é uma certeza comprovada pelas ciências e pela matemática.

– Especialistas afirmam que o senhor assinou mil folhas de gravura em branco e cobrou adiantado. É verdade?

– Só os idiotas dizem sempre a verdade. Minha assinatura é uma obra de arte em si.

– Amanda Lear disse claramente que o senhor não tinha relações sexuais porque era impotente. Outros o descreveram como um *voyeur*, fetichista e onanista, cujo prazer consistia em ver outras pessoas mantendo relação sexual, inclusive com Gala. É verdade que a masturbação foi uma obsessão e fonte de inspiração [dizem que o artista se masturbava quatro vezes por dia, diante do espelho]?

Ao ouvir a pergunta, simbolicamente creio, Dalí entrou num "sono profundo", como se começasse a hibernar. Entendi que era o sinal de que a entrevista havia terminado. Finalmente, ela durou pouco mais de uma hora. Saí com a sensação de vazio, oco, sem saber se tinha algo aproveitável naquela gravação. Joguei fora a bolinha de papel e fui para casa apreciar a minha gravura. Verdadeira ou falsa? Em se tratando de Salvador Dalí, a resposta não tinha a menor importância.

O editor Antônio Tofaneto, da revista *Visão*, publicou a entrevista na íntegra, com chamada de capa. Até hoje não sei se foi porque gostou, por falta de assunto melhor ou se estava de zoação com os leitores.

"A MÚSICA COMEÇA ONDE TERMINA A PALAVRA" (NIKOLAI LUGANSKY, PIANISTA RUSSO)

BELAS E TALENTOSAS

Se há um universo em que as mulheres vêm ganhando espaço a uma velocidade meteórica é o da música clássica e lírica. Antes extremamente misógino, este pequeno mundo se abre às talentosas e belas artistas, que não ficam nada a dever aos maiores solistas masculinos. Hoje, é comum ver um grande número de vestidos negros e longos nas principais orquestras do mundo, inclusive no papel de spalla (primeiro violino), ao qual até pouco tempo não tinham acesso.

Vale lembrar a polêmica quando Herbert von Karajan, tido nos anos 1980 como um monstro sagrado, impôs as alemãs Sabine Meyer como clarinetista solo e Anne Sophie Mutter para ocupar a cadeira à sua esquerda na Orquestra Filarmônica de Berlim.

Meyer, apesar do apoio incondicional do maestro, foi levada a se demitir em 1984, após o conflito causado por sua contratação entre os músicos misóginos.

A despeito de ter tocado com a Filarmônica alemã aos 13 anos de idade, aos 14 ter estreado no Festival de Salzburgo, com a English Chamber Orchestra regida por Daniel Barenboim e recebido o título de Artista do Ano aos 15, mesmo assim Mutter foi alvo de ataques, acusada de ser a protegida de Karajan.

A insistência do maestro e o som esplendoroso tirado dos dois Stradivarius da violinista acabaram por derrubar a falocracia.

Em 2017, a pianista Yuja Wang recebeu o prêmio de Artista do Ano, enquanto Khatia Buniatishvili era aplaudida pelos quatro cantos do mundo, apontadas como dignas sucessoras de Martha Argerich. Para além da impetuosidade e técnica, ambas derrubam tabus ao se apresentarem vestidas de maneira extremamente sensual, combinando beleza física e melodiosa. Aliás, esta é uma nova tendência. As cantoras, por exemplo, já não são mais mulheres corpulentas. O tempo em que se acreditava que cantoras precisavam ser gordas para se apoiar no diafragma pertence ao passado. Hoje, elas combinam voz e estética, como as divas Anna Netrebko, Sandrine Piau, Anja Harteros e Sonya Yoncheva, sopranos lindas e tão famosas quanto os tenores Jonas Kaufmann, Roberto Alagna, Juan Diego Flórez e o agora barítono Plácido Domingo, a ponto de disputar com eles o estrelato lírico. Enquanto a encantadora violinista norueguesa Vilde Frang nos faz esquecer as interpretações dos concertos de Bartok por Renaud Capuçon e nos leva ao paraíso no devorante Octuor de Enesco.

E o que dizer das "maestrinas", que de uns tempos para cá têm assumido a direção de orquestras? A lista é longa e começa pela inevitável Marin Alsop, considerada a líder dessa geração, à frente da Osesp e da Sinfônica de Baltimore (uma das raras grandes formações internacionais regidas por uma mulher); continua com a jovem mexicana Alondra de la Parra, fundadora da Filarmônica das Américas, que já regeu a Orquestra de Paris; Laurence Equilbey, fundadora da Insula Orchestra, residente da novíssima Seine Musicale e que dirigiu recentemente na Philharmonie de Paris; a finlandesa Susanna Mälkki, convidada pelas maiores salas, do Metropolitan de Nova York a La Scala de Milão, de Berlim a Chicago; a arrojada Barbara Hannigan, que atrai multidões para ouvir a música dodecafônica de Berg; a australiana Simone Young, primeira mulher a reger na Ópera de Viena; Mirga Grazinyte-Tyla, lituana que, aos 30 anos, assumiu a formação de Birmingham, uma das mais inovadoras da Europa; a lisboeta Joana Carneiro, chefe titular da Sinfônica portuguesa; Nathalie Stutzmann, celebrada no mundo inteiro por suas interpretações de Mahler, Schubert, Brahms e Wagner, depois de ter sofrido boicote de seus colegas masculinos por ser militante feminista. Eu a vi magistral dirigindo a Orchestre National de France e o coro da Maîtrise de Radio France, em *Mefistofele*, de Boito, no Théatre Antique d'Orange.

Tantas outras... muitas asiáticas.

Apesar do espaço conquistado pelas mulheres nesse mundo antes quase exclusivamente masculino, ainda há muito a ser conquistado.

E elas estão decididas a avançar. A japonesa Kanako Abe, a italiana Nicoletta Conti, as inglesas Sian Edwards, Elizabeth Muir-Lewis e Janet Canetty-Clarke, a argentina Alicia Farace, as francesas Pascale Jeandroz, Annick Minck e Lucie Leguay, a canadense Véronique Lacroix, a turca Inci Özdil, a belga-polonesa Zofia Wislocka, a suíça Marie-Jeanne Dufour, a espanhola Silvia Sanz Torre, a israelense Dalia Atlas, a portuguesa Joana Carneiro, a polonesa Agnieszka Kreiner, a estoniana Anu Tali e a alemã Elke Mascha Blankenburg fundaram a Femmes Maestros, em busca de mais espaço para o sexo feminino.

Foi apenas a partir da segunda metade do século XX que as primeiras maestrinas se impuseram na cena musical.

As pioneiras enfrentaram a oposição sistemática das orquestras (exclusivamente masculinas), que se negavam a ser dirigidas por mulheres. Foi o caso de Claire Gibault e da orquestra da Ópera de Viena. Apesar de ela ser assistente do grande Claudio Abbado no início dos anos 2000, os músicos (todos homens, claro) se negaram a ser conduzidos por ela, até mesmo durante os ensaios.

A situação evoluiu, mas como lembra Alsop, nem tudo está ganho: "Um homem que dá à orquestra um som poderoso é julgado eficiente. Uma mulher, agressiva. É como se nós, mulheres, devêssemos refletir duas vezes antes de cada gesto."

Prêmio à igualdade

Em 2017, de um total de 744 orquestras profissionais permanentes no mundo, recenseadas pela revista francesa *Diapason*, apenas 32 tinham uma mulher na direção musical, ou seja, menos de 4,5%.

No Canadá, em meados de 2018, a porcentagem de maestrinas era de 14%, contra 11% nos Estados Unidos, 5% na França.

Um estudo do Ministério da Cultura francês sobre a igualdade entre homens e mulheres, por ocasião do dia internacional dos direitos da mulher de 2018, salientou a evolução favorável de certos indicadores, mas revelou também as enormes disparidades.

Entre os cargos de direção dos inúmeros estabelecimentos públicos franceses, como a Ópera de Paris, Ópera Comique, Philharmonie de Paris, as mulheres ocupam apenas 9% dos lugares, sendo que todas as instituições de maior prestígio, sem exceção, são dirigidas por homens. Mas a evolução é positiva. Hoje, 55% dos assentos dos Conselhos de Administração são ocupados por mulheres. O que é uma boa notícia, pois é de se esperar então que o número aumente substancialmente num futuro próximo. Aliás, a presença de mulheres nos Conselhos de Administração subiu 26% nos três últimos anos.

A porcentagem entre os diretores dos teatros é de 40% (mais 25% desde 2014); 31% entre os responsáveis das orquestras. Em contrapartida, só 17% das subvenções do governo no setor da música são atribuídas às demandantes mulheres. O que prova que a discriminação existe entre aqueles que deveriam assegurar a igualdade de tratamento.

Na temporada de 2018, apenas 15% das óperas tiveram direção artística de mulheres, enquanto à frente das orquestras, na batuta, foram 3%.

Ainda há de se explicar também por que um tenor como Jonas Kaufmann ou Juan Diego Flórez ganha quase duas vezes mais que uma soprano como Anna Netrebko, Martina Serafin ou Sonia Yoncheva. Essas estrelas de primeira grandeza são consideradas as vozes mais belas do mundo, mas na hora do cachê não valem a mesma coisa.

No entanto, a evolução é real e inelutável. A Associação Francesa de Orquestras e o sindicato profissional das instituições líricas receberam, no final de 2018, o prêmio *Behind the Stage*, na categoria Diversidade e Igualdade de Oportunidades. A razão da recompensa foi a "Carta pela igualdade entre mulheres e homens nas orquestras e óperas". O texto preconiza 20 medidas a serem aplicadas imediatamente para aumentar a proporção de mulheres no meio musical. Entre essas, garantir a presença de maestrinas nas provas de pré-seleção aos cargos de direção musical das orquestras, aumentar o espaço das compositoras nas encomendas de obras e melhorar o acesso das artistas às residências destinadas à criação musical na Europa.

LOHENGRIN, WAGNER E O NAZISMO

Treze anos após um *Tristão e Isolda* inesquecível, seguido de um *Tannhauser* aplaudidíssimo, em Genebra, e do *Navio fantasma*, no templo vienense, o dramaturgo francês Olivier Py voltou à cena wagneriana em 2018, dessa vez em Bruxelas, com *Lohengrin*, e aproveitou para colocar em cena a eterna questão: os germes do nacional-socialismo já estavam presentes no romantismo alemão, portanto, na obra de Richard Wagner?

Ao relembrar os textos antissemitas do compositor (que em 1850 publicou a obra teórica abominável *Das Judenthum in der Musik* – *O judaísmo na música* –, em que generalizava a todos os judeus o ódio que sentia por seus rivais – Meyerbeer, Mendelssohn, Offenbach), a recuperação de sua música pelo nazismo e a estreita relação da família Wagner com Adolf Hitler, a resposta de Olivier Py é sem ambiguidade: *sim*, os germes do nacional-socialismo já estavam presentes no romantismo alemão. "A obra de Wagner é um pesadelo premonitório..."

Nesse polêmico ensaio, Wagner dizia, apelando para o tradicional argumento antissemita de que os judeus eram incapazes de se adequar ao espírito alemão, que só podiam produzir música superficial e artificial, com o objetivo de obter popularidade e êxito financeiro. Eram inaptos a criar verdadeiras obras de arte.

Claro que o nazismo não é consequência direta do romantismo nacionalista wagneriano, mas, na opinião do dramaturgo, é indiscutível que o compositor influenciou a sociedade alemã. Assim como ele próprio foi influenciado pelo francês Arthur de Gobineau e pelo inglês (alemão de adoção) Houston Stewart Chamberlain, que já na época propagavam a superioridade da raça ariana frente ao judaísmo.

Na segunda metade do século XIX, o círculo de admiradores de Wagner introduziu na sociedade alemã o racismo biologizante, baseado na superioridade biológica da raça ariana.

Hitler foi influído pelo compositor (assistiu a todas as suas óperas e leu todos os seus textos) a ponto de se tornar vegetariano como ele. Anualmente, o Führer ia a Bayreuth para o festival consagrado às óperas do compositor de Leipzig, foi amigo dos netos de Wagner, fez questão de conhecer sua mulher, Cosima. Hitler fez da música de Wagner uma bandeira de seu regime e um símbolo da germanidade.

Para Olivier Py era importante aclarar essa imbricação entre o nazismo e o nacionalismo wagneriano. Por isso, simbolicamente, transportou o espetáculo para as ruínas de Berlim pós-1945, pois, segundo ele, "*Lohengrin* é uma ópera sobre o nacionalismo, em que Wagner fala do futuro da sociedade alemã". Logo, uma coisa leva à outra.

Py comenta: "É na destruição da Alemanha que se situa a origem do messianismo germânico, base de um nacionalismo mortífero."

Em adequação com a ópera, Pierre-André Weitz construiu um cenário opressor: de uma parede monumental de vidro estilhaçado no interior de um teatro caindo aos pedaços à apresentação das grandes obras da literatura germânica com os nomes de seus autores gravados... em letras góticas, claro.

O espectador, como eu, se sente abafado, agoniado, à beira da asfixia.

Olivier Py traçou a síntese da ópera para concluir: a horrível Ortrud representa o paganismo, Elsa, o povo, e Lohengrin, a metafísica. A conjunção dos três abriu caminho ao nazismo.

Não é por acaso que a proposta cênica nos transporta aos dias de hoje, nesta Europa fortemente influenciada pelos nacionalismos populistas: da Polônia à Áustria, da Hungria à Itália, da França à Alemanha.

Dessa maneira, Olivier Py tenta deixar evidente que vivemos tempos que nos aproximam do passado tenebroso. Mas também que, graças à música, inclusive a de Wagner, podemos talvez evitar o pior.

A música, toda boa música, seria, portanto, redentora, senão para todos ao menos para muitos. A opinião de Py não é compartilhada, por exemplo, pelos músicos da Filarmônica de Israel, que até pouco tempo atrás se negavam a interpretar Wagner e Richard Strauss. O maestro Zubin Mehta conseguiu convencê-los a tocar a música de Strauss, apesar de ele ter sido presidente do Conselho de Música do Reich. Mas não a de Wagner, compositor fetiche de Hitler, boicotada até hoje pelo Estado judeu.

Em 3 de setembro de 2018, a rádio pública israelense apresentou um trecho do *Crepúsculo dos deuses*; teve de pedir perdão aos seus ouvintes.

Em julho de 2001, o maestro argentino-israelense Daniel Barenboim apresentou uma ária de *Tristão e Isolda*, com a Filarmônica de Berlim, em Jerusalém, fato que provocou uma reprimenda oficial da Comissão Cultural da Knesset.

A obra de Wagner continua a ser tabu em Israel.

O que ninguém pode contestar é que Wilhelm Richard Wagner foi um gênio, transformou o sistema tonal, revolucionou a concepção da ópera, compôs 14 óperas e dramas líricos que figuram no pináculo da música ocidental. Dez delas são interpretadas anualmente no Festival de Bayreuth. Na opinião dos melômanos, foi o maior compositor do gênero, além de diretor de teatro, maestro, escritor, polemista.

Fica a pergunta no ar: pode-se amar o artista e execrar o homem? Impossível resposta!

Os franceses, por exemplo, idolatram Louis-Ferdinand Céline, autor de *Viagem ao fim da noite*, mas abominam o panfletista antissemita admirador de Hitler e inspirador do regime colaboracionista de Vichy.

Céline é considerado um dos maiores inovadores da literatura francesa do século XX, tendo introduzido um estilo pessoal extremamente trabalhado, apesar de próximo da linguagem oral. Foi um dos primeiros a utilizar a gíria como meio de expressão literário. É visto até hoje como um dos maiores senão o maior escritor francês.

Em contrapartida, é também conhecido por seu antissemitismo, tendo publicado panfletos virulentos a partir de 1937, ano da impressão do folheto *Bagatelles pour un massacre*, que ele próprio comentou se afirmando junto ao seu editor como sendo "o inimigo número um dos judeus". Durante a ocupação da França pela Alemanha, foi colaborador e próximo dos serviços de segurança alemães.

SALVAR O MUNDO

Durante o regime bolivariano comandado por Hugo Chávez, a música clássica se expandiu na Venezuela como em nenhum outro país da América Latina, talvez do mundo, graças a um programa inédito sugestivamente batizado *El Sistema*. Centenas de orquestras foram criadas, espalhadas pelo país, possibilitando a todos os jovens se tornarem músicos e, graças à música, escapar de um destino trágico.

Ninguém, nem mesmo os mais radicais opositores, ousava criticar *El Sistema*, liderado pelo genial Gustavo Dudamel, que se tornou um dos melhores maestros da atualidade, com a Orquestra Sinfônica Simón Bolívar ocupando espaço entre as mais consagradas.

Isso foi ontem. Hoje, a história é outra, muito diferente e triste. A maioria desses grupos musicais desapareceu, consequência da falta de recursos, de professores perseguidos politicamente e da falta de instrumentos. Quarenta dos 120 músicos da famosa Orquestra optaram pelo exílio, devido à crise econômica e ao clima ditatorial de Nicolás Maduro. Quanto a Dudamel, também não deverá regressar tão cedo ao país por medo de represálias.

Oficialmente, ele continua sendo o maestro titular da joia do *Sistema*, considerada a grande bandeira da cultura venezuelana, que há mais de 40 anos combina música e integração social, inspirando programas educativos e projetos de desenvolvimento comunitário em todo o mundo. O próprio Dudamel é fruto do programa, tendo se formado como violinista e depois como chefe da Sinfônica aos 18 anos de idade.

Em 2019, com 38, o músico não pisa na Venezuela já há algum tempo, permanece em Los Angeles, onde dirige a Filarmônica, ou viajando pelo mundo como convidado. Esteve em Paris em 2018, dirigindo entre outras a Orquestra da Ópera, que segundo os críticos musicais tocou como nunca, equiparando-se à da Scala de Milão. É ainda o maestro principal da Sinfônica de Gotemburgo, na Suécia.

Nos últimos meses, quase 40% dos músicos deixaram a principal orquestra venezuelana, forçados por um salário mensal que não chega aos dez dólares e por se oporem ao regime de Maduro, críticos da censura e repressão.

Gustavo Dudamel não pode ser taxado de um mero opositor ao regime bolivariano; foi um defensor ferrenho de Hugo Chávez e, numa primeira fase, chegou a apoiar o sucessor do "comandante". Evoluiu depois para uma posição de contestação moderada, limitando-se a lançar apelos ao diálogo. Até que em abril de 2017, reagindo à morte de um jovem músico em Caracas, durante uma manifestação contra o governo (Armando Cañizales, um violinista de 17 anos criado no *Sistema*, caiu com um tiro no pescoço quando enfrentava a Guarda Bolivariana com pedras), publicou no *The New York Times* e *El País* uma carta aberta responsabilizando o presidente pela violência nas ruas.

Nessa carta, Dudamel acusava Maduro de lançar um novo golpe contra as instituições venezuelanas. Foi a primeira vez que levantou sua voz "contra a violência e a repressão" do regime. "Dediquei a minha vida inteira à música e à arte como forma de transformar o mundo... Nada pode justificar o derramamento de sangue."

El Sistema, símbolo de liberdade

O jovem maestro foi além ao afirmar que o povo venezuelano se limitava a lutar pela satisfação das suas necessidades básicas, referindo-se à falta de alimentos e medicamentos, e que "uma democracia sã exige respeito e um diálogo verdadeiro". "Defendo ter como armas apenas pincéis, livros e instrumentos musicais."

Dudamel sempre viu *El Sistema* como um símbolo de liberdade, a mesma que estaria agora seriamente comprometida.

Depois dessa carta aberta, oficialmente por falta de dinheiro, devido aos baixos preços do petróleo, o regime cancelou os concertos da Orquestra Simón Bolívar agendados na Ásia e na Europa.

El Sistema estaria vivendo suas últimas horas?

Não, definitivamente não. A energia dos artistas, tanto na Venezuela como no exílio, aliada aos 300 mil jovens carentes que se formam anualmente em projetos inspirados por ele em Seul, Los Angeles, Paris, Cabul, Salvador, Bagdá, Istambul e até na rica Viena de Strauss, constitui a prova de que a chama está viva. *El Sistema* era e continua sendo uma esperança extraordinária para a juventude marginalizada de todos os continentes, a prova do poder transformador da música clássica, muito além das diferenças culturais.

Gustavo Dudamel, saído ele próprio da miséria para se tornar um dos maiores maestros do mundo, tuitou: "A música alimentará para sempre os nossos desejos de um futuro melhor."

Em livro sobre o imenso projeto educativo-musical venezuelano, o jornalista francês Vincent Agrech, crítico musical, questionou: *"Será que a Orquestra vai salvar o mundo?"*

Sim. A resposta em tom afirmativo, escrita em caneta feltro, se estampa na camiseta das crianças do *Sistema*: *Salvemos el mundo*.

Uma mensagem dirigida a Nicolás Maduro e a todos os demais ditadores forçados a engolir a música goela abaixo.

Afinal, "a música pode mudar o mundo porque pode mudar as pessoas", como dizia Bono.

Ou ainda: "A música expressa o que não pode ser dito em palavras, mas não pode permanecer em silêncio", disse Victor Hugo.

ROSH HASHANÁ NO PARAÍSO

É 8 de setembro de 2018, véspera da chegada do ano judaico de 5779.

Hoje me lembro, com o coração apertado, dos meus pais, da família à mesa numa conversa animada. Sinto falta da comida judaica e tenho vontade de tomar um caldo com *Knaidlach*. Lembro-me das discussões políticas acaloradas com vinte pessoas falando ao mesmo tempo, umas defendendo Adhemar de Barros, outras Jânio Quadros, outras ainda Juscelino. Discussões que terminavam invariavelmente com a minha tia Cecília "brigando" com Jarbas, o meu padrinho *goy*, que de lenço na cabeça zombava do sotaque da minha avó ao responder ao telefone: "Alaaau!!!!" Ele comia rezando uma Ave-Maria e tapava o nariz ao dar a primeira garfada no *guefilte fish*. Minha irmã e eu ríamos, enquanto a irmã de minha mãe bravejava, reclamando da falta de respeito, o que nos fazia rir ainda mais. Minha pobre avó, com seu português aproximativo, sem compreender o que se passava.

A mesa era farta e a sobremesa sempre a mesma. Na melhor tradição de Rosh Hashaná, maçã com mel, simbolicamente para desejar um ano doce. Eu não entendia por que, já que achava a combinação gastronômica insossa, sem nenhuma graça. Mas o que fazer? Os judeus originários da Europa do leste adoravam maçãs, certamente porque era a única fruta a que tinham acesso.

Nessa manhã, a nostalgia toma conta de mim. Saudades de todos, de um tempo em que meu pai, entre um prato e outro, anunciava o momento de fazer um pedido, um só, para o ano-novo. Então nos olhávamos, um a um em torno da mesa, em silêncio desejávamos um ano feliz e nos beijávamos.

Em ídiche, meus pais desejavam: *"A git yuer! Feliz ano!"*, que no meu ouvido infantil soava como *"telefonirrrn"*, uma das muitas palavras deliciosas do dialeto abrasileirado da dona Cypra Ryvka, aliás dona Paula, minha avó.

Ao contrário do réveillon cristão, celebrado com fogos de artifício e muita festa, Rosh Hashaná é o dia do julgamento, quando Deus determina o destino de cada um para o ano que se inicia. O objetivo é ser inscrito no Livro da Vida.

Como praticamente todas as festas judaicas, Rosh Hashaná é motivo de comilança, de reuniões familiares em que a regra é discordar uns dos outros (e até de si mesmo) e de reflexão, um exercício onipresente entre os judeus, especialistas em complicar o aparentemente simples.

Como judeu laico, ateu convicto, abracei 5779 longe do *shofar* (o chifre de carneiro que se toca na ocasião) e da sinagoga, mas próximo de Deus, ou melhor, dos vários deuses chamados Franz Schubert, Gustav Mahler, Gustavo Dudamel e Mahler Chamber Orchestra, presentes no templo do Olimpo, La Scala de Milão. Cada nota extraída daqueles cento e tantos instrumentos nas sinfonias nº 3 de Schubert e 4 de Mahler nos elevou, Gisela e eu, ao paraíso.

Prova, como dizia Gustav Mahler, de que "a essência da música não está nas notas".

Inebriado, relembrando esses momentos de pura beleza, coloco um ponto-final neste livro, no primeiro dia do novo ano.

Shaná Tová Umetuká!

O AUTOR

Milton Blay formou-se em Direito pela USP e em Jornalismo pela FIAM, com *master* no Centre d'Études Diplomatiques et Stratégiques, mestrado em Economia e doutorado em Política pela Université de Paris 3. Começou sua carreira na rádio Jovem Pan, tendo integrado a equipe que ganhou o prêmio Esso de melhor programa radiofônico. É atualmente correspondente em Paris do grupo Bandeirantes. Vive na capital francesa desde 1978, tendo trabalhado como correspondente da revista *Visão*, do jornal *Folha de S.Paulo*, das rádios Capital, Excelsior (depois CBN) e Eldorado. Ocupou durante 15 anos o cargo de redator-chefe da Rádio France Internationale, foi presidente da Associação da Imprensa Latino-americana na França e *maître de conférences* da Université de Paris 13. É autor de *Direto de Paris*, publicado pela Editora Contexto.

Cadastre-se no site da Contexto
e fique por dentro dos nossos lançamentos e eventos.
www.editoracontexto.com.br

Formação de Professores | Educação
História | Ciências Humanas
Língua Portuguesa | Linguística
Geografia
Comunicação
Turismo
Economia
Geral

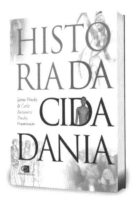

Faça parte de nossa rede.
www.editoracontexto.com.br/redes

Promovendo a Circulação do Saber

GRÁFICA PAYM
Tel. [11] 4392-3344
paym@graficapaym.com.br